★★★
★“十三五”★
国家重点出版物出版规划项目

国之重器出版工程
网络强国建设

智慧协同标识网络系列

标识网络体系及关键技术

Architecture and Key Technologies of Identifier Network

张宏科 王洪超 董平 杨冬 苏伟 著

人民邮电出版社
北京

图书在版编目（CIP）数据

标识网络体系及关键技术 / 张宏科等著. -- 北京 ：
人民邮电出版社，2020.8(2023.1重印)
（智慧协同标识网络系列）
国之重器出版工程
ISBN 978-7-115-51935-1

Ⅰ. ①标… Ⅱ. ①张… Ⅲ. ①信息网络－标识 Ⅳ.
①G202

中国版本图书馆CIP数据核字(2019)第203320号

内 容 提 要

本书在分析现有互联网面临的挑战和存在的问题的基础上，全面系统地介绍了新一代标识网络的体系架构、工作机理、接入技术、可扩展路由机制、身份与位置映射的解析机制、移动管理机制以及普适服务技术等内容。

本书取材新颖，内容丰富，实用性强，反映了国内外在新一代网络理论与关键技术方面的最新研究成果，适合从事互联网研究的广大科研人员阅读，也可作为通信、计算机等相关专业研究生的参考教材。

◆ 著　　　张宏科　王洪超　董　平　杨　冬　苏　伟
责任编辑　代晓丽
责任印制　杨林杰
◆ 人民邮电出版社出版发行　　北京市丰台区成寿寺路 11 号
邮编　100164　　电子邮件　315@ptpress.com.cn
网址　https://www.ptpress.com.cn
固安县铭成印刷有限公司印刷
◆ 开本：720×1000　1/16
印张：12　　　　2020 年 8 月第 1 版
字数：222 千字　　　　2023 年 1 月河北第 5 次印刷

定价：99.00 元

读者服务热线：(010)81055493　印装质量热线：(010)81055316
反盗版热线：(010)81055315

《国之重器出版工程》编辑委员会

李伯虎　中国工程院院士
李应红　中国科学院院士
李春明　中国兵器工业集团首席专家
李莹辉　国际宇航科学院院士
李得天　国际宇航科学院院士
李新亚　国家制造强国建设战略咨询委员会委员、中国机械工业联合会副会长
杨绍卿　中国工程院院士
杨德森　中国工程院院士
吴伟仁　中国工程院院士
宋爱国　国家杰出青年科学基金获得者
张　彦　电气电子工程师学会会士、英国工程技术学会会士
张宏科　北京交通大学下一代互联网互联设备国家工程实验室主任
陆　军　中国工程院院士
陆建勋　中国工程院院士
陆燕荪　国家制造强国建设战略咨询委员会委员、原机械工业部副部长
陈　谋　国家杰出青年科学基金获得者
陈一坚　中国工程院院士
陈懋章　中国工程院院士
金东寒　中国工程院院士
周立伟　中国工程院院士

郑纬民　中国工程院院士

郑建华　中国科学院院士

屈贤明　国家制造强国建设战略咨询委员会委员、工业和信息化部智能制造专家咨询委员会副主任

项昌乐　中国工程院院士

赵沁平　中国工程院院士

郝　跃　中国科学院院士

柳百成　中国工程院院士

段海滨　“长江学者奖励计划”特聘教授

侯增广　国家杰出青年科学基金获得者

闻雪友　中国工程院院士

姜会林　中国工程院院士

徐德民　中国工程院院士

唐长红　中国工程院院士

黄　维　中国科学院院士

黄卫东　“长江学者奖励计划”特聘教授

黄先祥　中国工程院院士

康　锐　“长江学者奖励计划”特聘教授

董景辰　工业和信息化部智能制造专家咨询委员会委员

焦宗夏　“长江学者奖励计划”特聘教授

谭春林　航天系统开发总师

前 言

互联网已成为影响国家安全、经济发展和社会稳定的重大基础设施，然而现有互联网日益暴露出安全性、移动性、可扩展性差，以及服务质量与资源利用率不高等诸多问题，无法满足当今乃至未来社会对信息网络的需求。这些问题的根源在于现有互联网体系与机制存在原始设计弊端。因此，如何创建未来互联网体系与机制已经成为世界各国信息网络领域最重要和最迫切的问题，为应对挑战，美、欧相继启动了未来互联网网络设计（Future Internet Network Design，FIND）、未来互联网研究与实验（Future Internet Research and Experiment，FIRE）和未来互联网架构（Future Internet Architecture，FIA）等计划。

本书作者通过十余年潜心研究发现，现有互联网体系原始设计的“身份与位置绑定”“资源与位置绑定”等特性，是造成其诸多问题的根本原因。在 973 计划、863 计划、国家自然科学基金等重点项目支持下，作者提出了标识网络体系及关键技术，其主要特色包括：① 针对现有互联网体系与机制存在的原始设计弊端，原创性地提出了以“两层模型”“三次映射”“四种标识”为典型特征的标识网络体系，发明了标识和映射机制，解决了未来互联网的体系结构难题；② 针对现有互联网“身份与位置绑定”问题，提出了以“接入标识”“路由标识”及其分离解析映射机制为核心的关键机理、技术与方法，有效解决了网络地址欺骗、移动导致通信中断、核心网路由表极速膨胀等问题，从本质上大幅提高了网络安全性、移动性和可扩展性；③ 针对现有互联网“资源与位置绑定”问题，提出了以“服务标识”“连接标识”

及其分离解析映射机制为核心的关键机理、技术与方法，显著提升了服务质量及资源利用率等。

本书的主要内容包括：当前互联网面临的挑战以及新型网络方面的最新研究进展；标识网络的总体架构；标识网络在网络层面的关键技术，包括接入技术、可扩展路由机制、身份与位置映射的解析机制、移动性管理机制等；标识网络在服务层面的关键技术，包括普适服务总体架构、服务的注册查询等。

本书是在王洪超、董平、杨冬 3 位作者博士论文的基础上，进一步统筹完善而成，在编写的过程中，得到了 973 项目“一体化可信网络与普适服务体系基础研究”、国家自然科学基金重点项目“未来互联网体系理论及关键技术研究”（No.60833002）等的资助。

由于信息网络的发展极其迅速，新型互联网技术仍在发展和完善之中，加之编写时间有限，书中难免存在不妥之处，敬请广大读者指正。

目 录

第1章 绪论

随着科学技术的不断发展，互联网已成为人们日常工作和生活不可或缺的基础平台。然而由于互联网体系结构的原始设计缺陷（如 IP 地址二义性、应用层缺乏有效名字空间、高层结构不清晰等），导致其在可扩展、安全、可靠、可控可管以及移动支持等方面存在严重弊端，因此迫切需要创建全新的网络体系结构，从根本上解决上述严重问题。

1.1 互联网面临的问题和挑战

随着科学技术的不断发展，信息在推动经济与社会发展方面发挥着越来越大的作用。作为当前信息主要传播载体的信息网络（尤其是互联网），已成为人们日常工作和生活不可或缺的基础平台。当前经济与社会的发展要求信息网络能够在任何地点，任何时间，为任何人或物，以任何方式，可信（安全、可靠、可控可管）地提供任何可能传送的信息服务。然而现有信息网络受“一种网络支持一种主要服务”的解耦模式的原始设计限制，存在诸多难以克服的困难，很难满足当前网络及服务多样性等发展的需要[1]。

深入剖析现有信息网络存在的问题，可以将之归结为如下几个方面。

（1）网络可扩展性受限

本书提及的网络可扩展性分为规模可扩展性以及服务可扩展性。规模可扩展即指网络节点数量的不断增加以及异质网络的互联互通，而服务可扩展是指网络提供的服务种类和数量可随着用户的需求而不断变化。规模可扩展是现有互联网快速发展遇到的一个巨大问题，其主要表现是互联网核心路由表条目急剧增长，过去以摩尔定律支撑的网络规模发展模式已不足以满足当前核心路由规模发展的需要。异质异构网络的互联互通更增加了网络的复杂性，给网络规模可扩展带来更加难以承受的压力。服务可扩展较差是现有信息网络原创模式局限性的典型表现。一种以承载一种主要业务为设计目标发展而来的现有信息网络，很难适应当前服务多样性、新业务不断涌现以及服务质量保障要求日益苛刻等发展的需要。如电信网以语音设计为主，不能适应宽带流媒体业务的需要；而现有互联网“尽力而为”转发数据的设计理念也难以满足语音、多媒体等实时业务的服务质量保障需求。

（2）移动性支持能力差

移动性支持能力差是现有信息网络（诸如电信网、互联网等）都存在的一个严重问题。移动速率和服务速率可以看作信息网络对移动性支持的两大衡量指标。电信网在给用户提供高速切换的同时，很难提供较高的服务速率。相反，互联网在提供较高服务速率的同时，又很难实现较低的网络切换时延。究其原因，我们不难发现，电信网的问题在于其电路交换设计理念及其复杂的切换机制，即节点在本不富余的网络带宽资源下发生移动时，节点需要进行复杂的调度和切换；而现有互联网的症结在于其 IP[2-3]地址的双重属性（既代表节点的身份信息，又表明节点的位置信息[4]），即节点在发生移动切换时，其地址需要重新获取和配置，而这一过程花费的时间较长。

（3）网络可信性较差

本书提及的网络可信性定义为网络安全性、网络可靠性以及网络可控可管性。网络可信性较差是现有信息网络所面临的又一严峻问题。现有信息网络中源节点身份信息的缺失和冒用，导致当前大量的网络安全事件，如匿名电话骚扰及诈骗，地址解析协议（Address Resolution Protocol，ARP）地址欺骗[5-6]，域名服务器（Domain Name Server，DNS）攻击[7-8]，由路由前缀劫持[9]引起的分布式拒绝服务（Distributed Denial of Service，DDoS）攻击[10-11]、垃圾邮件泛滥[12]、流量监视[13]等。这些都充分体现了现有信息网络的安全缺陷，与网络在设计之初节点之间相互信任的假定相违背。同时随着人类对信息网络依赖程度的不断加深，现有信息网络在提供服务的可靠性保证方面也越来越难以满足人们的需求，电话中断、视频停顿、网络掉线等现象越来越难以被人们所接受。此外，由于现有信息网络（尤其是互联网）缺乏对网络节点及网络服务进行有效的识别和管控，导致网络的维护成本较高，而且管理复杂。

（4）新技术或新协议支持性较弱

现有信息网络在设计时，通常局限于采用某一特定的网络技术实现，对未来技术的发展和新应用的出现缺乏有效的支持。新的网络技术或应用的出现，很难在现有信息网络基础上进行推广应用，而通常需要花费巨大的经济成本进行网络设备的升级改造，甚至得不所愿。一种应用通常意味着一套单独的软件和设备，这无疑增加了信息网络向前发展的难度。新出现的网络技术，如 IPv6 技术[3]、流控制传输协议（Stream Control Transmission Protocol，SCTP）[14]、数据报拥塞控制协议（Datagram Congestion Control Protocol，DCCP）[15]网络传输技术等，尽管具有一定的技术优势，但很难在现有互联网上进行大规模推广应用。

（5）服务获取过程单一性

在现有信息网络中，人们为了获取某种信息服务，通常需要指定特定的服务提供者，然后服务过程会在服务需求方和服务提供者之间建立。然而，在信息高度发展的社会背景环境下，人们关注更多的是信息本身，而不是信息的提供者。再者，随着信息网络的快速发展，越来越多的服务提供者可以提供相同的服务。人们不希望在一次服务的过程中，出现服务中断或服务停止的现象。尽管通过某些必要的手段，如域名重定向[16]、动态域名解析（Dynamic Domain Name Resolution，DDNR）[17]等使得这种服务过程中的中断或停止现象有所缓解，但仍然不能得到彻底的解决。现有信息网络这种面向主机的网络架构设计，无法充分利用网络资源，给用户提供多样性的网络服务，从而满足人们面向服务的获取需求。

以上问题深深植根于现有信息网络的原始设计框架之上，要想改变现有信息网络面临的困局，对现有网络进行简单的修补很难有效地满足当前发展的需求，迫切需要对未来网络的体系架构理论进行重新构建，这已是国内外众多专家学者们的共识。

1.2　传统网络体系架构分析

网络体系架构的出现可以追溯到 20 世纪 70 年代。为了满足当时计算机互联的需求，IBM 公司于 1974 年推出了世界上第一个网络体系架构[18]，随后又出现了 Digital 公司的数字网络体系架构[19]，美国国防部的传输控制协议/互联网协议（Transmission Control Protocol/Internet Protocol，TCP/IP）协议[20]等，但是不同网络体系架构之间并不能互联，只能与同种结构的网络互联。为了促进网络的发展，国际标准化组织（ISO）在当时网络的基础上，于 1977 年推出了不依赖任何机型、操作系统和公司的网络体系架构，称为开放系统互联（Open System Interconnection，

OSI）模型[21]。OSI 模型将整个网络体系架构在逻辑上分为七层：物理层、数据链路层、网络层、传输层、会话层、表示层、应用层。每层用来完成不同的网络功能。这种网络分层的设计解决了异种网络互联时遇到的兼容性问题。

然而由于 OSI 七层网络体系架构模型是一个抽象模型，其定义复杂、实现困难、部分功能在不同层面重复出现以及效率低下等特点，使得后来的网络没有一个能够完全遵照 OSI 七层网络体系架构模型的标准执行。

而在 OSI 模型出现之前就已经诞生的 TCP/IP 网络体系架构，在美国军方的推动下，迅速发展起来，逐渐演变成了后来的互联网。因此，TCP/IP 网络体系成为现有互联网的事实标准。TCP/IP 网络体系架构，将整个网络体系分成 4 个层次：网络接口层、网络层、传输层、应用层。TCP/IP 网络体系架构的核心是 TCP 和 IP 两个协议，其中 IP 负责定位数据传送过程的节点，TCP 负责节点对数据的正确传输。然而由于其协议早于模型的出现，其中的协议设计及实现存在很多问题。

（1）IP 地址的语义双重性

在传统的 TCP/IP 网络体系架构中，当主机间通过网络进行通信时，在网络层，数据分组按照 IP 地址在网络中进行路由选择和转发，此时，IP 地址表现出该主机在网络中的拓扑位置信息属性；而当主机需要发送数据时，通常需要指定数据接收主机的 IP 地址，且当数据到达目的节点时，目的节点的传输层仍然需要数据分组携带的源 IP 地址、目的 IP 地址、源端口号、目的端口号、协议号等信息区分服务数据，从而实现数据向应用层的递交，在这个过程中 IP 地址表现出主机的身份信息属性。IP 地址的语义双重属性一方面导致按 IP 地址前缀进行网络拓扑规划的原始设计在遭遇当前多家乡[22-23]、流量工程[24]时，给核心网络的路由规模可扩展带来极大的压力；另一方面当主机在网络中的位置发生变化时，在新的位置上的主机通常需要使用与位置信息相关的新的 IP 地址，此时 IP 地址的改变将导致以 IP 地址身份建立的服务连接过程中断，从而给相应的服务获取过程带来不便。

（2）层间信息依赖性

在传统的 TCP/IP 网络体系架构下，IP 地址本来的作用是在网络层进行路由转发，但在实际网络中，IP 地址既作为网络层的标识进行节点定位和路由转发，也被传输层用来区分连接，同时应用层也需要 IP 地址信息用以决定通信对方的身份。这种对 IP 地址信息过度依赖的设计使得各层的工作很难独立进行，尤其是在应用层，当一个应用程序在工作时，就必须指定通信对端的 IP 地址或域名（域名需要通过

DNS 解析转换成 IP 地址），这与网络体系架构层次设立的目的相违背，同时这种应用设计在当节点位置发生改变或者 IP 地址发生改变后，很难保持服务连接过程的持续。此外，IP 地址信息过度利用的设计也使得服务数据的传输变得不太安全，网络中的第三方很容易根据 IP 地址信息获得服务的相关细节信息。

（3）服务资源解析不精确

在 TCP/IP 网络体系架构中，服务资源的解析是面向主机的。所谓面向主机就是指在获取服务资源时，我们需要首先获得提供资源的服务器的 IP 地址，这通常是由 DNS 解析映射完成的，然后通过解析到的 IP 地址到相应的服务器去获取资源。然而服务资源本身的变化（移动、删除等），使得服务资源的获取经常遭遇获取失败的尴尬局面。尽管当前可以采用动态域名解析等技术得以缓解，但依然不能从根本上解决问题。再者，服务资源相对路径的设置，更给服务资源的成功获取带来了极大的不确定性。此外，当前基于 DNS 的服务资源解析机制，很难描述服务资源在获取过程中对网络资源的需求，这也使得高于当前网络所能提供的网络资源需求的服务不能达到用户的满意程度，甚至无法使用，同时对网络资源造成一定程度的浪费。因此，面向主机的服务资源解析获取机制很难满足当前用户对所关心的服务资源本身进行服务获取的需求。

（4）服务连接不灵活

在现有的 TCP/IP 网络体系架构下，传输层向上层服务主要提供面向连接的可靠传输和面向数据报的非可靠传输两种传输协议，而通常的应用或服务都是绑定到具体的传输协议，甚至特定的端口号，也就是说现有的应用或服务在设计之初就已经选定了特定的传输协议，这种设计方法虽然简单，但却极大地限制了服务连接的灵活性。在当前应用和服务多样化以及多业务融合的大背景下，将应用程序和服务获取固定到某一特定传输协议的做法很难满足当前业务的需求，也很难动态适应网络状态的变化。服务获取过程中可动态改变的传输连接方式更有利于服务的获取以及网络利用率的提高。此外，在传统的 TCP/IP 网络体系架构下，新的传输协议（如 DCCP 和 SCTP）很难得到有效的部署实施，也与其不具备灵活的协商机制有关。

（5）服务可信无保证

在传统 TCP/IP 网络体系架构下，用户获取服务的过程通常包括 ARP 查询，DNS 查询，IP 分组转发、连接建立、数据传输等过程。但是其中的每一个过程都存在一定的安全隐患，这给 ARP 欺骗、DNS 欺骗、源 IP 地址欺骗、拒绝服务（Denial of

Service，DoS）攻击、窃听、伪造等带来了可乘之机。此外，知名服务对应知名端口号的设计，使得恶意的网络攻击更具有针对性。传统 TCP/IP 网络体系架构潜在的众多安全漏洞，极大地制约着网络应用的进一步发展，人们对网络依赖而又不可信赖之间的矛盾愈显突出。

总之，基于传统 TCP/IP 网络体系架构的互联网在经历几个时代的快速发展之后，暴露出越来越多的问题，这些问题根源于网络体系架构本身，单纯对现有的理论技术进行简单地修补，难以有效解决问题。为此，新的网络体系架构理论模型的研究成为网络胜任未来社会发展的突破口。

1.3 新网络体系架构研究现状及发展趋势

鉴于信息网络在经济和社会发展中的重要性以及当前信息网络凸显的各种问题，近年来，国际上众多的国家和研究机构都将未来网络体系架构的研究放在了至关重要的位置，先后推出了一系列革新式的研究计划。典型的计划见表 1-1。

表 1-1 各国（地区）开展的互联网研究重大工程

时间	国家（地区）	组织（机构）	项目名称
2017 年	欧盟	FP7	H2020-FI（Future Internet）
2016 年	欧盟	FP7	H2020-SEC（Network Security）
2015 年	美国	美国陆军	WIN-T（Warfighter Information Network-Tactical）
2014 年	美国	NSF	FIA-Next Phase
2013 年	欧盟	FP7	FIRE（in Call 10）
2012 年	美国	NSF	CNS（Computer and Network Systems）
2012 年	欧盟	FP7	FIRE（in Call 8）
2010 年	美国	NSF	FIA
2007 年	欧盟	FP7	FIRE
2006 年	美国	NSF	GENI
2006 年	美国	NSF	FIND

全球网络创新环境（Global Environment for Network Innovations，GENI）是美国国家科学基金委员会于 2006 年推出的一项行动计划。该计划主要包括两大内容：研究计划和用于规模开发新体系结构的全球实验设施。其研究内容涉及相当广泛，

包括重新思考网络功能、设计全新的网络体系结构和服务模式，设计关键的网络服务能力，如安全性、可靠性和可持续性等，开发新技术和新应用以及未来网络的运维管理等。该项目首次从基本理论上突破了传统的研究思路，为下一代网络体系理论及技术的发展指明了方向。

未来互联网设计（Future Internet Design，FIND）是美国国家科学基金委员会于2006年提出的又一个针对“未来网络设计”的研究项目。该项目旨在突破当前网络的限制，重新构思15年后的下一代互联网。其研究内容包括：网络体系架构、原理、机制设计等。其关注的领域涉及网络安全性、稳健性、可管性、新技术应用、经济利益、开放性等。

未来互联网研究与实验（Future Internet Research and Experiment，FIRE）是欧盟于2007年在其第七框架计划下设立的未来互联网研究和试验项目。其主要研究内容包括：重新设计网络体系结构和协议，未来互联网在规模、复杂性、移动性、安全性等方面的新的解决机制，构建物理和虚拟的网络测试环境对研究者的理论进行验证。

未来互联网架构（Future Internet Architecture，FIA）是美国国家科学基金委员会2010年设立的未来互联网体系结构计划。其目标是设计和验证下一代互联网的新型网络体系结构。其研究范围包括：网络架构设计、网络性能评价、大规模原型实现、用户应用试验等。当前该计划已资助的项目包括命名数据网络（Named Data Networking，NDN）[25]、MobilityFirst[26]、NEBULA[27]、XIA[28]等。

在新网络体系架构的研究方面，我国也先后启动了973项目“新一代互联网体系结构理论研究”[29]及“一体化可信网络与普适服务体系基础研究”[30]等，前者主要围绕以IPv6为平台的新一代互联网体系结构理论研究中存在的若干关键科学问题进行理论研究，后者的目标则是在继承现有信息网络优势基础上，创立全新的一体化可信网络与普适服务体系理论，本书即是在此项目的依托下完成的。同时国家还启动了863计划重大专项“新一代高可信网络”、教育部牵头的支撑计划项目“可信任互联网”以及国家自然科学基金重点项目“未来互联网体系理论及关键技术研究”等来支持新网络体系架构的研究[31]。

综观世界各国对新网络理论技术的研究，结合当前信息网络面临的问题和重大需求，我们不难得出未来网络的发展趋势。

（1）网络一体化

20世纪70年代，以“存储-转发”模式为核心的分组交换技术的出现改变了以往信息网络依赖电路交换传输的历史。相比电路交换技术，分组交换表现出高效的传输效率，成为后来通信网络，尤其是互联网，采用的主要传输技术。经历 30 多年的发展，以 IP 分组为基础的分组交换已成为今天互联网最为本质的特点。同时以电路交换为特色的传统电信网络为了适应宽带和多媒体等融合业务的发展，也在逐渐进行 IP 分组化。这些无疑都表现出了分组交换的强大生命力。

近年来，互联网的快速发展也从另外一个层面展示了，可以工作在不同网络介质基础之上、并能将这些网络进行异质互联的 TCP/IP 技术是当前互联网体系的技术精髓。在未来网络体系架构的研究中，继承和发扬 TCP/IP 网络的技术优势，研究适应未来网络多元化接入需求，可以智能网络识别、自动配置和选路，从而实现异构网络互联互通的一体化网络，是未来新网络发展的必经之路[32]。

新网络体系架构的设计不可能脱离历史经验与技术的积累。以分组交换为基础、智能网络识别及选路为特点的网络一体化是未来新网络技术的发展趋势之一。

（2）服务普适化

近年来网络技术的发展，使得越来越多的服务可以通过网络提供，极大地方便了人们的工作和生活。同时，泛在的网络服务以及多样化的服务需求，也给信息网络服务技术的发展带来了巨大的挑战。亟须一种可以提供面向服务、按需获取的网络服务架构，来解决当前出现的无处不在、无时不在以及包括数据、语音、视频等融合业务的网络服务需求。为此，“普适服务”的概念应运而生，但对普适服务并没有明确的定义，不同研究领域的人们对其理解也不同。但不论是计算机领域的普适计算，还是互联网领域的云计算，甚至其他的分布式计算、泛在计算等，其目的都是提供一个可以“在任何时间、任何地点、通过任何格式无缝地接入和获取”[33]网络服务资源的基础架构平台。

普适服务[34]作为未来网络架构的重要组成部分，代表了计算机、互联网等各个领域对未来网络服务的需求和期望，其研究意义重大。

（3）网络可扩展

网络可扩展性问题是近年来互联网发展到一定规模时，传统 TCP/IP 网络体系架构逐渐暴露出来的核心问题之一，涉及网络规模、网络性能、网络新服务、新技术、新协议、网络安全等多个方面。互联网自诞生以来，已经历 40 多年的发展历程，在这个过程中，互联网的网络节点、用户以及服务种类也发生了翻天覆地的变化，至今已发展成为全世界最大的网络。网络规模的增大势必给传统以 TCP/IP 为核心的互联网网络体系架构带来挑战，这首先表现在网络的路由表数目上，巨大的路由表条目极大地加剧了网络中路由节点的负担，降低了网络传输效率，同时也造成了能源资源的极大浪费，不符合当前绿色可持续发展的理念。目前，因特网研究任务组（Internet Research Task Force，IRTF）专门成立了路由研究工作组（Routing Research Group，RRG），主要进行路由可扩展问题的研究。此外，网络服务种类、功能的增加以及带来的服务多样化需求，都使当前的网络可扩展面临困境。

因此，未来新网络理论技术的发展必须突破传统网络可扩展设计的局限性，使得网络能够动态适应未来网络规模的变化，灵活调整扩展网络功能，并给未来网络新服务、新技术、新协议的出现预留足够的发展空间。

（4）移动性支持

近年来，随着无线及终端技术的发展，越来越多的网络用户通过无线的方式（如 Wi-Fi、WiMAX 等）接入网络，使用网络可以提供的各种网络服务。这种对网络服务无处不在的需求，要求网络可以提供更好的移动性支持。而传统以“固定和有线”为主要连通方式设计的网络，在网络接入、路由转发、连接建立、切换管理以及服务迁移等方面缺乏对移动性的支持，难以满足当前网络及服务移动性的需求。

考虑到未来大规模无线环境和移动网络服务场景的出现，未来的新网络体系架构必须解决好移动终端设备在网络中发生移动切换时，网络服务的持续性问题，并且保证这种切换在较高带宽、较低切换时延的基础上完成，而且对于主动或被动发生的服务迁移和数据移动，网络应该仍然能够提供可用的网络服务。

（5）网络可信性

现有信息网络在设计之初，以实现节点间互通为主要目的，其中隐含节点可信、协议可靠等假设。而现实网络的快速发展，已延伸至社会生活的各个角落，众多涉及个人隐私、商务、政务等信息的网络服务都需要依赖网络完成。此时，任何层面的不可信行为都将导致网络服务的失败，给个人或团体造成不同程度的损失。传统网络体系架构在可信方面（安全、可靠、可控、可管）的考虑欠缺，导致目前在传统的网络体系架构下，很难通过技术的手段系统地解决节点及用户的安全准入、数据的可靠路由转发及递交、服务的有效监管、连接的灵活管理等。为此，在新网络体系架构的研究中，各个项目都将构建系统的可信网络架构列为重要的组成部分。

针对本章所述互联网存在的问题，以及未来互联网的发展趋势，本书作者在 973 项目“一体化可信网络与普适服务体系基础研究”的支持下，提出了标识网络体系及系统。

参考文献

[1] 张宏科，苏伟. 新网络体系基础研究——一体化网络与普适服务[J]. 电子学报，2007, 35(4): 593-598.
[2] POSTEL J. Internetwork protocol[R]. RFC 791, 1981.
[3] DEERING S, HINDEN R. Internet protocol, version 6 (IPv6) specification[R]. RFC 2460, 1998.
[4] SALTZER J. On the naming and binding of network destinations[R]. RFC 1498, 1993.
[5] PLUMMER D C. An Ethernet address resolution protocol[R]. RFC 826, 1982.
[6] WAGNER R, BRYNER J. Address resolution protocol spoofing and man in the middle attacks[R]. Bethesda: The SANS Institute, 2001: 1-7.
[7] MOCKAPETRIS P. Domain names-concepts and facilities[R]. RFC 1034, 1987.
[8] WRIGHT C S. Current issues in DNS[R]. Bethesda: The SANS Institute, 2008.
[9] BALLANI H, FRANCIS P, ZHANG X. A study of prefix hijacking and interception in the Internet[J]. ACM SIGCOMM Computer Communication Review, 2007, 37(4): 265-276.
[10] MIRKOVIC J, REIHER P. A taxonomy of DDoS attack and DDoS defense mechanisms[J]. ACM SIGCOMM Computer Communication Review, 2004, 34(2): 39-53.
[11] BUTLER K, FARLEY T R, MCDANIEL P, et al. A survey of BGP security issues and solutions[J]. Proceedings of the IEEE, 2009, 98(1): 100-122.
[12] RAMACHANDRAN A, FEAMSTER N. Understanding the network-level behavior of spammers[C]//Proceedings of the 2006 Conference on Applications, Technologies, Architectures, and Protocols for Computer Communications. New York: ACM, 2006: 291-302.
[13] KIM J, KO S Y, NICOL D M, et al. A BGP attack against traffic engineering[C]//Proceedings of the 2004 Winter Simulation Conference. Piscataway: IEEE Press, 2004: 326.
[14] AYDIN I, SHEN C C. Performance evaluation of concurrent multipath transfer using SCTP multihoming in multihop wireless networks[C]//2009 Eighth IEEE International Symposium on Network Computing and Applications. Piscataway: IEEE Press, 2009: 234-241.
[15] KOHLER E, HANDLEY M, FLOYD S. Datagram congestion control protocol (DCCP)[R]. Washington: The Internet Society, 2006.
[16] 王培新，刘颖，张思东，等. Web 通信中可疑域名监控技术的研究[J]. 计算机技术与发展，2012, 22(4): 231-234.
[17] GOTO H, NAWATA A, MUTA M. DDNS server, a DDNS client terminal and a DDNS system, and a web server terminal, its network system and an access control method: U.S. Patent 7,529,810[P]. 2009-5-5.
[18] AHUJA V. Routing and flow control in systems network architecture[J]. IBM Systems Journal, 1979, 18(2): 298-314.

[19] WECKER S. DNA: The digital network architecture[J]. IEEE Transactions on Communications, 1980, 28(4): 510-526.

[20] Wikipedia. TCP/IP model[EB].

[21] ZIMMERMANN H. OSI reference model—The ISO model of architecture for open systems interconnection[J]. IEEE Transactions on communications, 1980, 28(4): 425-432.

[22] ABLEY J, LINDQVIST K, DAVIES E, et al. IPv4 multihoming practices and limitations[R]. RFC 4116, 2005.

[23] ABLEY J, BLACK B, GILL V. Goals for IPv6 site-multihoming architectures[R]. RFC 3582, 2003.

[24] AWDUCHE D, CHIU A, ELWALID A, et al. Overview and principles of Internet traffic engineering[R]. RFC 3272, 2002.

[25] SHANG W, BANNIS A, LIANG T, et al. Named data networking of things[C]//2016 IEEE First International Conference On Internet-of-Things Design and Implementation (IoTDI). Piscataway: IEEE Press, 2016: 117-128.

[26] RAYCHAUDHURI D, NAGARAJA K, VENKATARAMANI A. Mobilityfirst: A robust and trustworthy mobility-centric architecture for the future Internet[J]. ACM SIGMOBILE Mobile Computing and Communications Review, 2012, 16(3): 2-13.

[27] WERNER T, FUCHS C, GERHARDS-PADILLA E, et al. Nebula-Generating syntactical network intrusion signatures[C]//Proceedings of the International Conference on Malicious & Unwanted Software. Piscataway: IEEE Press, 2009.

[28] HAN D, ANAND A, DOGAR F, et al. XIA: Efficient support for evolvable internetworking[C]// Proceedings of The 9th USENIX Symposium on Networked Systems Design and Implementation (NSDI 12). Berkeley: USENIX Association, 2012: 309-322.

[29] 吴建平, 刘莹, 吴茜. 新一代互联网体系结构理论研究进展[J]. 中国科学：技术科学, 2008, 38(10): 1540.

[30] 张宏科, 罗洪斌. 一体化可信网络与普适服务体系基础研究：目标、思路及进展[J]. 中国通信, 2008, (4): 69-74.

[31] 张宏科, 董平, 杨冬. 新互联网体系理论及关键技术[J]. 中兴通讯技术, 2008, 14(1): 17-20.

[32] 黄韬, 刘江, 霍如, 等. 未来网络体系架构研究综述[J]. 通信学报, 2014, 35(8): 184-197.

[33] 董全, 李建东, 赵林靖, 等. 基于效用最大的多小区异构网络调度和功率控制方法[J]. 计算机学报, 2014, 37(2): 373-383.

[34] 杨冬, 李世勇, 王博, 等. 支持普适服务的新一代网络传输层构架[J]. 计算机学报, 2009, 32(3): 359-370.

第2章 标识网络的工作机理

对于新网络体系架构的研究和探索是国内外的一个研究热点，本书依托973项目“一体化可信网络与普适服务体系基础研究”，提出了一个以标识管理、多级映射、分组传送为特征的标识网络体系架构。

2.1 标识网络设计原则与目标

原则是指观察问题、解决问题的基本准则，是历史发展过程中人类经验的积累和智慧的结晶。抽象性的原则设计对人们分析和解决问题具有重要的启发和指导意义。网络体系架构原则的设计更是如此，它将直接影响实际网络系统的功能和性能，以及所支持的网络服务，并最终决定该网络体系架构的生存命运。传统网络体系架构这 40 多年的发展成就，主要归功于其遵从的一系列基本原则：开放性原则、端到端原则、分组原则、分层原则等。而当前人们对互联网的需求和应用环境，与其在初始设计时相比，已有很大不同，传统互联网的一些设计原则正逐渐成为阻碍网络进一步发展的障碍。互联网的可扩展性以及可信性成为当前互联网面临的头等问题。

为此，新网络体系架构的研究既要借鉴传统网络的成功经验，又要着重解决未来网络可能面临的问题。未来的网络体系架构应该是互联网和电信网相互借鉴[1-2]的融合产物。考虑到电信网以号码为核心的管理理念以及接入用户与核心网络隔离的优势，结合传统互联网的成功经验，本章在原有的开放式网络架构模型下，结合具体网络设计，给出了一个以标识管理、多级映射、分组传送为特征的标识网络体系架构，其设计原则除了传统网络的开放性、分组传输、分层原则等，还有本章重点介绍的可扩展性和可信性原则，内涵更为丰富，涵盖了当前互联网遭遇的诸多问题。

2.1.1　设计原则

原则 1：可扩展性原则——在网络规模不断发展，服务种类日益多样化，服务需求各异以及网络新技术、新协议不断涌现的情况下，网络体系架构具有足够的空间来适应不断变化的需求，在网络性能（时延、带宽等）以及网络开销、资金投入等方面尽量维持在社会发展可接受的程度以内。

传统网络体系架构在设计时只对网络的规模可扩展具有一定的支持，但当网络发展到今天，随着用户数量的增加，以及多家乡、流量工程等新的网络需求的增长，传统网络体系架构的规模可扩展性已受到很大制约。此外，传统网络体系架构在设计时缺乏有效性的设计，在其他方面的可扩展性也难以满足当前发展的需求。本书提出的标识网络将可扩展性原则作为标识网络体系架构的一条重要设计原则，其内容涵盖网络可扩展的各个方面：网络规模、网络结构、网络协议、服务类型、服务需求、网络新技术等。标识网络可扩展性原则的设计，将有助于解决传统网络体系架构所面临的多种问题，同时也为未来网络的发展预留了更多的可扩展空间。

原则 2：可信性原则——在动态可变的网络环境下，确保网络服务的数据得以安全、可靠地传输，正确、及时、规范地满足用户的网络需求；同时确保网络管理者对网络中存在的和可以提供的网络服务以及正在进行的网络服务过程具有灵活的控制和管理，从而使网络实现对网络用户、网络设备、服务资源、服务过程、网络行为的有效监管。

传统网络体系架构对网络的可信性缺乏足够的设计，用户的随意接入、数据的透明传输、网络尽力而为的转发、服务资源无规则的管理、传输过程的单一性连接等都给传统互联网的可信性带来了极大的缺陷。本书提出的标识网络的可信性原则包含以下 4 个方面的含义。

① 安全性：标识网络系统将实现用户与网络之间的双向信任、网络信息的安全传输及使用、用户及其行为的可追溯，从而确保网络的安全运行。

② 可靠性：标识网络能使网络在遭受任何可能的软硬件故障时，仍能够较好地、持续地、按质按量地完成用户请求的服务。在此过程中，网络将适时自动调整

网络资源的提供方，灵活地改变网络服务连接或进行动态的网络选路等，保证用户的服务需求得以满足。

③ 可控性：标识网络将有效地实现对接入网络的用户、网络节点设备以及当时网络服务状态的监测与控制，确保动态变化的网络的各项参数维持在设计预期和管理可把握的范围内，最终实现在满足预定用户网络需求的同时，使网络的效用最大化。

④ 可管理性：标识网络将在更加精细的粒度上提供全方位的、灵活高效的用户身份管理、网络设备管理、网络资源管理、用户行为管理、服务资源管理、服务连接管理等。

标识网络的可信性原则的 4 个方面是相辅相成的一个整体，安全性是标识网络用户信息有效传送的前提，没有了安全性，任何网络的信息都将变得没有意义；可靠性是标识网络数据得以转发传送的保障，没有了可靠性，网络信息的路由和转发就得不到及时正确的处理，极大地影响网络的功能和性能；可控性是标识网络平稳运行的基础，没有了可控性，网络的运行状态就可能会超出可管理的范围，并最终导致网络的瘫痪；可管理性是网络得以平稳运行的手段，通过合理地管理网络中的用户、资源以及各种网络参数和网络行为，能使网络的各项参数维持在预定的范围内。

2.1.2 设计目标

基于对当前网络发展需求以及未来网络发展趋势的认识，本书在建立标识网络体系架构时，将其总体目标设定为：在异质异构网络环境下，个性化、多元化的网络终端，可以以任意方式随时随地安全可靠地接入和使用具有泛在、融合等特点的网络服务，并且网络可以对运行于其中的资源、行为、过程等进行控制和管理，最终实现网络在各个层面的可扩展。实现这一总体目标需要考虑的问题主要包括：标识网络的体系理论模型；异质异构网络的标识一体化；标识网络的服务普适化；标识网络体系的可信与移动问题等。

从标识网络体系架构的总体目标和现实需求出发，参考 OSI 七层网络体系架构模型、TCP/IP 网络体系架构模型以及电信网络的设计精髓，本书给出标识网络的具体设计目标如下。

① 多维度可扩展。使网络在网络规模、网络结构、网络协议、服务类型、服务需求、网络新技术等方面具有足够的发展空间。

② 终端接入多元化。支持多种不同介质、不同类型的网络终端接入和使用网络服务，并实现跨类型网络间服务的互联互通。

③ 身份与位置信息解耦。将代表终端节点身份信息的标识与代表其位置信息的标识分别进行表示和处理，节点身份信息用于建立端到端的连接，节点的位置信息用来进行数据分组的路由交换选择。

④ 高性能移动切换。终端节点在较高的移动速度下，发生网络接入点切换时，可以维持网络服务持续性，并将切换过程的时延降低到网络服务所需求的容忍范围之内。

⑤ 面向服务的资源获取。改变传统面向主机位置的服务获取方式，使得人们对网络服务本身的需求更容易得到满足。

⑥ 服务过程灵活多变。在网络服务提供的过程中，可以根据服务资源以及网络资源的状态自适应动态调整传输过程的参数，如资源提供方、传输协议、传输路径、协议参数等，保证用户网络服务的持续性和可靠性。

⑦ 服务资源丰富多样化。网络具有服务资源的快速部署和统筹管理能力，对用户提出的网络服务需求，可以智能地进行服务注册、服务解析、服务整合、服务提供过程的动态选择等。

⑧ 网络节点身份的真实性。网络中所有的节点设备，包括终端接入设备应具备真实的身份信息，保证网络节点设备间互信的建立以及整个网络中网络行为的可追溯性。

⑨ 接入终端和网络的双向认证。使网络免于恶意接入终端侵入的同时，接入终端也免于非法网络的诱骗，从而避免敏感信息泄露。

⑩ 安全的网络数据传输。网络可以提供按需的网络安全服务需求[1]，使得服务过程所传输的服务数据具备正确性、完整性和私密性。

⑪ 连接过程的灵活性。针对单一的网络服务请求，可以根据服务需求以及即时的网络状态在服务提供的过程中动态灵活地进行服务资源提供方选择、传输路径选择和传输协议选择等，提高用户对网络服务的满意度。

⑫ 节点移动的透明性。节点的移动对用户和具体的网络应用是透明的，在移动的过程，网络服务可以得到持续性地满足。

⑬ 网络服务迁移支持。在一定的授权范围内，允许将正在发生的网络服务提供过程，迁移到其他的网络终端而不中断执行，以适应新的服务需求。

⑭ 完善的标识分配、映射和管理策略。保证网络中的各个终端节点身份的唯一性以及在网络中的位置可达性。

⑮ 良好的服务质量支持。在整个网络服务提供过程中，服务质量作为网络服务需求的一个方面，会在服务查询、协议选择、连接建立、路径传输中得以体现。

⑯ 有效的网络管理。可对网络用户、网络设备、网络资源、网络行为、网络服务、服务连接等进行全面而有效的管理，使得网络具有更好的可控性。

⑰ 网络状态和网络行为的可控性。通过网络的自动和人工参与的管理，使得网络状态和网络行为总是可以维持在预期的范围内，彰显标识网络的有效性、鲁棒性和稳定性。

2.2 标识网络体系架构模型

2.2.1 标识网络体系架构模型术语

为了更好地描述标识网络体系架构模型，定义了以下技术术语[3]。

核心网（Core Network，CON）：通常为互联网服务提供商（Internet Service Provider，ISP）运营管理的网络，网络规模的变化相对较小，可以划分不同的管理域进行管理，一个 ISP 可以运营管理多个核心网络管理域。

接入网（Access Network，ACN）：核心网络边缘用户网络接口与用户终端设备之间的网络，可以包含单个节点，或由特定介质构成的固定或移动子网（如校园网、企业网等），接入网中的用户终端设备通常为产生网络数据的源或目的节点。

接入标识（Accessing Identifier，AID）：用户终端在接入网络时，唯一的表示该终端身份的标识，一个终端在接入网络时，拥有至少一个接入标识，终端的接入标识在终端位置发生网络位置移动时保持不变。

路由标识（Routing Identifier，RID）：核心网络设备在运行时所需的标识，一部分用于核心网络设备之间的互联互通，一部分用于用户的数据在核心网络的定位、寻址和数据转发。

服务标识（Service Identifier，SID）：对服务资源信息的抽象描述，一个 SID 唯一代表一个服务资源数据（如一段视频、一个网页、一张图片）或一种服务类型（如电话、邮件等），具有扁平化特征，不依赖时间、位置等的改变而改变。

连接标识（Connection Identifier，CID）：标识一次用户服务获取的过程，由于用户的服务可能为组合业务，因此一个连接标识可能对应多种服务，并与多个网络源节点或目的节点相关。

服务标识解析映射（SID Resolution Mapping）：用于生成具体的网络服务与特定网络连接之间的对应关系，为服务的普适化提供基础。

连接标识解析映射（CID Resolution Mapping）：用于生成特定网络连接与实际网络资源传输时涉及的源节点和目的节点之间的对应关系。

接入标识解析映射（AID Resolution Mapping）：用于生成接入网设备的接入与核心网交换、路由转发之间的对应关系，隔离接入网和核心网，并保护用户终端身份与位置的隐私性。

接入交换路由器（Accessing and Switching Router，ASR）：位于核心网的边缘，负责各种固定终端和移动终端、固定网络以及移动子网和自组网等移动网络的接入，并负责终端或各种网络的接入认证以及为接入网络的终端用户进行接入标识和路由标识的映射转换，同时完成用户的数据分组在网络核心层的转发。

广义交换路由器（General Switching Router，GSR）：核心网的骨干路由设备，负责数据分组在核心网的统一路由转发。

2.2.2　标识网络体系架构模型描述

在给出标识网络体系架构模型之前，首先分析传统网络体系架构的组成和工作原理。传统的电信网设计的主要业务类型为语音业务，其网络主要由承载网、业务网、支撑网等构成。其中，承载网以及支撑网构成了电信网络的基础网络设施，为业务的实施提供了基础网络平台；在具体业务的服务过程中，通常需要借助业务网的功能进行服务的选择、电路连接的建立，然后执行用户业务的提供。传统的互联网初始设计的主要业务类型为数据业务，其网络主要由用户接入设备、网络交换路由设备以及具体业务的服务器组成。这些网络设备通过不同的介质连接成网络，构成互联网网络通信的基础。当用户需要通过网络获取某种数据时，用户终端的应用程序将首先通过网络与相应业务的服务器建立对应的连接，如 TCP、用户数据报协议（User Datagram Protocol，UDP）连接等，之后用户服务所需要的数据将通过已建立的这种端到端的连接进行传输，相应的数据分组在网络中按照数据分组的 IP 地址进行路由的匹配转发。

从以上的分析中，不难发现各种网络体系架构提供网络服务都具备以下两个共同点：一是独立于任何网络服务之外的网络基础设施，其中的网络设备通过相应的介质连接构成网络，并通过相应的机制使得网络中各节点间可以互通；二是具体服务的连接传输过程，在此过程中，服务需求方和服务提供方首先在网络基础设施之上建立必要的连接通道，之后进行数据信息的传输，并在服务完成之后释放建立的连接通道。其中网络基础设施部分对应了传统 OSI 七层网络体系架构模型的物理层、数据链路层和网络层，或者与 TCP/IP 网络体系架构模型的网络接口层和网络层职能相当；而具体服务的提供过程所体现的网络职能与 OSI 七层网络体系架构模型的传输层、会话层、表示层、应用层类似，或者与 TCP/IP 网络体系架构模型的传输层和应用层相呼应。

973 项目“一体化可信网络与普适服务体系基础研究”[4]从基础设施层和普适服务层两个层面研究新一代网络设计与构架，在总结各种主要传统网络体系架构的基础上给出了包括 4 个标识和 3 次映射的新网络理论模型——标识网络体系架构模型（如图 2-1 所示），该模型是一个开放的整体设计模型，需要设计具体的协议和算法[5]。

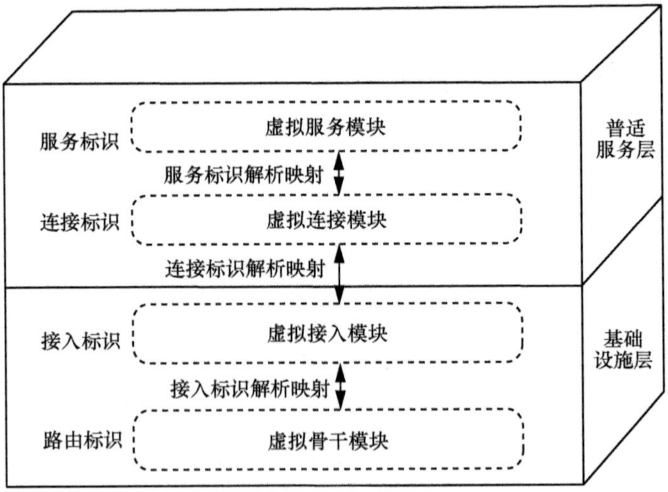

图 2-1　标识网络体系架构模型

如图 2-1 所示，基础设施层用于完成各种网络终端的接入以及数据信息在网络内的转发和交换路由，为数据、语音、视频等网络服务提供统一的通信平台；普适服务层用于完成服务数据资源的统一管理以及网络连接的统一控制，从而构建普适性的网络服务架构，完成用户不同特质的网络服务需求。同时为满足不同的功能需求，基础设施层引入了虚拟接入模块和虚拟骨干模块，普适服务层引入了虚拟服务模块和虚拟连接模块，各模块的作用如下所述。

虚拟接入模块：引入接入标识的概念和机制，负责完成固定、移动、传感网络等各种网络终端的统一接入，并在局部范围内提供网络数据的交换和转发。

虚拟骨干模块：引入路由标识的概念和机制，主要负责完成对数据分组的广义交换和路由转发，同时维护网络的互联互通和进行网络资源的收集、分配和管理等。

虚拟服务模块：引入服务标识的概念和机制，负责对各种网络服务资源进行统一描述和维护，同时为用户应用程序提供统一的服务接口。

虚拟连接模块：引入连接标识的概念和机制，对上为具体的网络服务根据其需求及即时的网络状态生成适宜的虚拟连接通道，对下为不同连接通道接收的数据寻找对应的网络服务接口。

以上模块设计虽然各自解决了现有网络存在的问题，但是如何将它们组织起来，高效协同地完成网络通信是网络设计的另一重要问题，也是本书要解决的主要问题。现有互联网分层模型采用服务接入点（Service Access Point，SAP）[6]的逻辑接口实现上层协议实体与下层协议实体之间的联系，但是这种接口设计一般比较简单而且缺乏灵活性，导致层与层之间交互的信息少、交互方式简单，而且层与层之间交互的信息缺乏统一的规范描述。随着网络服务的大量增加和网络设施的日益复杂，现有的层间信息交互设计已经无法满足未来网络的要求，迫切需要新的网络分层信息交互设计。本书细化了图 2-1 中连接 4 个模块的 3 次映射，并将理论的映射对应到具体的网络设计中，形成了标识网络体系架构。

（1）接入标识解析映射

设接入标识空间集合为 $X=\{x_i^{(j)}\}\left|i,j\in\mathbf{N}\right.$，其中 $\mathbf{N}$ 为自然数集，i 表示不同的节点，j 表示同一节点具有的不同接入标识。假设在标识网络构成中，存在 Q 个接入位置，并且 $X_q(X_q\subseteq X,1\leqslant q\leqslant Q)$ 表示接入位置 q 上的所有接入节点的接入标识集合。同理，设路由标识空间集合 $Z=\{r_k\left|k\in\mathbf{N}\right.\}$，$Z_q\subseteq Z$ 代表了标识网络在接入位置 q 上使用的路由标识集合。则接入标识解析映射可表达为

$$\begin{bmatrix} Z_1(t) \\ \vdots \\ Z_q(t) \\ \vdots \\ Z_Q(t) \end{bmatrix} \triangleq \Omega \begin{bmatrix} X_1(t) \\ \vdots \\ X_q(t) \\ \vdots \\ X_Q(t) \end{bmatrix} \tag{2-1}$$

式（2-1）中，$\Omega(\cdot)$为接入标识映射变换，用于完成接入标识空间到路由标识空间的映射变换；其逆映射$\Omega^{-1}(\cdot)$将完成路由标识空间到接入标识空间的映射变换。式（2-1）时间参数t的设置，表明了Z_q、X_q是时间t的变化函数，随着时间t的变化，接入位置q上的所有接入节点的接入标识集合X_q将发生改变，经过$\Omega(\cdot)$映射后，标识网络在接入位置q上所使用的Z_q也将随时间t的变化而发生变化。

接入标识解析映射是解决传统网络 IP 地址二义性的关键设计，可以很好地解决传统网络核心网路由可扩展、节点移动性支持等问题。此外，接入标识解析映射的设计实现了接入空间和路由空间的隔离，本书在将式（2-1）具体化的过程中，引入了鉴权机制，对映射过程进行了严格的审查，极大地提升了核心网的安全性。

（2）服务标识解析映射

设服务标识空间集合为$S=\{s_i | i \in \mathbf{N}\}$。在标识网络中，记节点$i$获取服务标识为$s_n(s_n \in S)$的网络服务为$s_n^{(i)}(s_n^{(i)} \in S)$，则在某时刻$t$，节点$i$获取服务的总和可表达为

$$S_i(t)=\sum_n s_n^{(i)} d_n^{(i)}(t) \tag{2-2}$$

式（2-2）中$d_n^{(i)}(t)$表示节点i在时刻t对$s_n(s_n \in S)$标识的网络服务的获取状态，即

$$d_n^{(i)}(t)=\begin{cases} 1, & \text{获取中} \\ 0, & \text{不在获取中} \end{cases} \tag{2-3}$$

设连接标识空间集合为$C=\{c_i | i \in \mathbf{N}\}$。定义网络在时刻$t$为第$m(1 \leqslant m \leqslant M)$种处于获取过程中的服务建立的连接标识集合为$C_m(t)$，其中$C_m(t) \subseteq C(t)$。则服务标识解析映射可表达为

$$\begin{bmatrix} C_1(t) \\ \vdots \\ C_m(t) \\ \vdots \\ C_M(t) \end{bmatrix} \triangleq \Phi \begin{bmatrix} S_1(t) \\ \vdots \\ S_i(t) \\ \vdots \\ S_I(t) \end{bmatrix} \tag{2-4}$$

式（2-4）中，I 表示网络中正在获取服务的节点的数目，M 表示网络中处于获取状态的服务标识总数目。$\Phi(\cdot)$ 是服务标识解析映射变换，用于完成从服务标识空间到连接标识空间的映射变换；其逆映射 $\Phi^{-1}(\cdot)$ 将完成连接标识空间到对应的服务标识间的映射。

服务标识解析映射的设计解决了传统网络应用与具体网络地址和传输协议绑定的问题，将网络服务的获取与专门设计的连接标识进行映射，屏蔽了底层的传输协议和具体的服务节点，使得面向服务的获取成为可能，也增强了对新的网络协议和网络技术的扩展支持。

（3）连接标识解析映射

连接标识解析映射完成连接标识到接入标识的映射，即为网络服务过程进行节点连接关系对选择的过程。连接标识解析映射定义如下。

$$\begin{bmatrix} Y_1(t) \\ \vdots \\ Y_i(t) \\ \vdots \\ Y_I(t) \end{bmatrix} \triangleq \Psi \begin{bmatrix} C_1(t) \\ \vdots \\ C_m(t) \\ \vdots \\ C_M(t) \end{bmatrix} \tag{2-5}$$

式（2-5）中，I 表示网络中正在获取服务的节点的数目；M 表示网络中处于获取状态的服务标识总数目；$\psi(\cdot)$ 是连接标识解析映射变换，完成从连接标识到服务获取中节点与节点间接入标识对应关系对之间的映射；其逆映射 $\psi^{-1}(\cdot)$ 将节点与节点间接入标识的对应关系对映射回获取网络服务过程中的某次连接；$Y_i(t)$ 表示在时刻 t，网络中节点 i 为获取网络服务与服务节点之间生成的节点接入标识关系对的集合，其可表达为

$$Y_i(t) = \sum_{n=1}^{M} Y_i^{(n)} d_n^{(i)}(t) = \sum_{n=1}^{M} \sum_{i,k,l} < x_i^{(j)}, x_k^{(l)} >_n d_n^{(i)}(t) \tag{2-6}$$

式（2-6）中，$Y_i^{(n)}$ 表示节点 i 在获取服务 s_n 时使用节点间接入标识关系对的集合，$< x_i^{(j)}, x_k^{(l)} >_n$ 表示节点 i 在获取服务 s_n 时在节点 i 的接入标识 $x_i^{(j)}$ 与节点 k 的接入标识 $x_k^{(l)}$ 之间存在的连接通道，$< x_i^{(j)}, x_k^{(l)} >_n$ 又可根据传输协议等的不同，包括多个子通道。

连接标识解析映射是连接上层服务和下层网络资源的关键设计，现有互联网的设计相对简单，使用固定的端口号和传输协议进行上下层的绑定，导致了连接建立灵活性问题、应用层移动性支持差、通信安全性差等问题。本书将式（2-5）进行了具体化，并引入了连接管理服务器，专门完成式（2-5）中的解析映射。这种集中管控的设计解决了传统互联网端到端的连接控制方式，解决了现有网络存在的诸多问题。

经过 3 次映射之后，为服务 $s(s \in S)$ 而产生的网络数据流将会分布在网络中相关的节点和链路上，并在最终交予目的节点网络应用之前执行相应的逆映射过程，用户应用将会接收到相应的服务数据。对于一个网络服务过程，接入标识和路由标识之间的映射 $\Omega(\cdot)$ 及逆映射 $\Omega^{-1}(\cdot)$ 过程并不是必需的，这主要取决于服务过程的网络数据流是否穿越接入网和核心网（如果需要穿越，则其就是必需的）。

在标识网络模型的设计中，映射 $\Omega(\cdot)$ 、$\Phi(\cdot)$ 、$\Psi(\cdot)$ 及其逆映射都是在受控机制下完成的，根据网络预先设定的策略，每级映射都会按照网络的状态进行优化选择，并最终建立合适的网络连接，为用户提供服务，这在很大程度上提高了网络的可用性、安全性、可靠性、可控性和可管性。

2.3 标识网络工作机制

在标识网络体系架构中，由于接入标识和路由标识以及两者之间映射的引入将网络划分为接入网和核心网两级网络空间。核心网的主要作用就是构建一个统一的交换路由转发平台，为任何可能接入其上的接入网或终端节点提供数据分组的路由转发任务，在核心网边缘部署接入交换路由器，进行接入网和核心网分离，同时进行接入标识和路由标识间的相互映射转换；在核心网内还部署有负责完成接入标识与路由标识映射关系注册、查询等使用的接入标识映射服务器（AID Mapping Server，AMS）和负责网络节点接入控制的接入标识认证服务器（AID Authentication Server，AAS）。接入网主要为各种类型的终端节点提供网络接入，同时部署网络服务节点，为其他节点提供网络服务，同时在接入网内还部署有服务标识解析服务器（SID Resolution Server，SRS），用于网络服务的注册、解析等，以及连接标识管理服务器（CID Management Server，CMS），用于控制管理网络服务过程中所需的连接标识的生成和管理。其网络构成如图 2-2 所示。

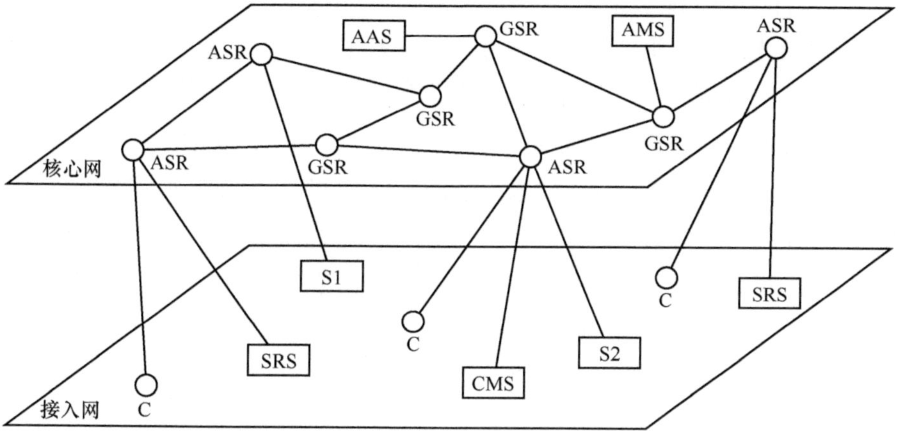

图 2-2　标识网络构成示意

为了完整描述标识网络体系架构中网络服务的过程，将其分为以下 7 个子过程分别予以介绍。

（1）节点接入子过程

在标识网络体系架构中，异质异构网络互联互通是其支持网络可扩展性的重要方面。因此，在接入网内存在着各种各样的网络终端节点，类型的差异将导致这些终端节点具有不同规格、长度等的接入标识。标识网络为了实现多样性节点的接入，内嵌统一的接入标识接入控制机制，完成节点接入网络的过程。接入网内任何节点的接入都需要完成节点接入控制过程，只有相互间取得信任，才能进行数据层面的互通。节点通过网络的认证后，接入交换路由器会为节点的接入标识映射路由标识，为节点后续数据分组在核心网的路由转发提供资源。

（2）服务注册子过程

在标识网络服务系统中，网络服务是网络统一管控的，即任何服务节点必须将自己提供的网络服务进行标识并注册于服务标识管理系统，其提供的网络服务才能为其他节点检索而使用。提供服务的节点首先需要自己维护提供服务的资源信息，如提供的网络服务的服务标识、服务描述、服务类型、资源需求、资源数据、资源位置、应用程序等，然后将这些信息注册于系统设置的服务标识管理服务器，之后服务标识管理服务器再将服务节点注册的信息通过服务标识管理系统间协议在整个网络上分发以提供检索服务。

（3）服务解析子过程

通常人们对网络服务的需求相对于计算机或网络语言来说比较模糊，在获取网络服务时，首先需要将用户的这些需求表达成网络可理解的描述语言，这个过程就需要进行服务的解析。在标识网络中，此过程即为根据用户网络需求的关键词、概要描述等，在服务标识管理系统中解析到对应的网络服务，获取该服务的服务标识等一系列相关信息，服务标识管理系统根据系统中网络服务的注册情况以及其他服务策略，返给用户节点必要的信息，如服务标识、服务描述等。由于服务标识管理系统可能存在多条匹配用户服务需求的条目，因此用户节点可能解析到多项与用户的网络服务需求匹配的条目，这时可能需要用户手动选择或者在网络连接时由系统进行自动选择。但是服务解析过程并不是标识网络完成网络服务的必需过程，如果用户节点的应用程序本身注册了某种服务，或者说其获取的网络服务信息已知，又或者用户节点已经通过之前的服务解析缓存了该网络服务的信息，那么这里的解析过程就可以省略，而直接进行下面的过程。

（4）连接建立子过程

用户节点在解析到网络服务的服务标识等信息后，为了获取对应的网络服务，用户节点首先需要申请建立为该服务提供支持的网络连接。在标识网络中，用户节点此时需要将所需网络服务的服务标识等信息发往标识网络系统中的连接标识管理服务器，连接标识管理服务器根据相应的映射规则，生成对应的连接标识，并根据一定的策略和当时的网络状况，将提供该服务的节点的接入标识，以及每个服务节点连接需要的信息（如传输协议、拥塞控制等），一并返回给用户节点。用户节点接收到由连接标识管理服务器发回的连接标识等信息后，将以此连接标识为索引向提供服务的节点发起对应网络服务连接请求，服务节点接收到该服务的连接请求后，根据自己提供的网络服务以及策略设置等（如服务节点可以向连接标识管理服务器验证该连接标识的合法性），协商完成连接标识到接入标识的映射，最终根据协商获取的接入标识，建立用户节点与服务节点间网络数据的传输通道。

（5）数据转发子过程

用户节点获取网络服务时产生的数据分组如果需要穿越核心网，则还需完成接入标识到路由标识间的映射过程。具体流程为，当节点发送的数据分组到达核心网边缘的接入交换路由器后，该接入交换路由器会根据用户服务的类型、服务质量等信息将数据分组的接入标识映射为可被核心网设备识别和进行路由转发的路由标识，而当数据分组到达出口的接入交换路由器，需要离开核心网时，出口的接入交换路由器又会把数据分组的路由标识映射回接入标识，并最终经过交换、路由转发递交给目的节点。由于在接入标识到路由标识映射的过程中，接入标识与路由标识的关系可以是一对一、一对多、多对一、多对多等（这主要取决于网络服务的类型以及服务质量等），因此便给网络提供多样性（单一路由、备份路由、多路并行等）的路由创造了条件（数据分组在核心网的交换路由机制由其他工作完成，本书在此不做详细介绍）。

（6）节点移动子过程

在用户节点获取网络服务的过程中，用户节点的位置可能发生变化，为了维持相应的网络服务的持续性，节点需要完成此处的移动过程。当节点在同一个接入网内部进行移动时，其对应的核心网边缘的接入交换路由器、核心网以及对端节点都不需做任何变化，在节点移动的接入网内将通过扁平化的路由方式进行互通。当节点的移动跨越接入交换路由器时，新的接入交换路由器将为该节点映射新的路由标识，并完成向核心网中接入标识映射服务器注册新的映射关系，以及配合对端节点所连接的接入交换路由器，完成后续数据分组转发路径过程的优化等。

（7）服务移动子过程

服务移动（又可称为服务迁移）是标识网络体系架构对服务普适性支持功能的体现。在网络服务过程中，正在使用的服务节点由于某种原因（数据移动、意外故障等）导致其不能继续提供服务，此时用户节点在探测到后，将原有的连接标识到接入标识的映射进行适当的调整，选择其他服务节点继续获取服务数据，而在倒换服务节点的过程中，为上层网络服务以连接标识为索引建立的网络连接将维持不变，使得上层应用感觉不到服务提供的变化，从而支持服务的移动性。服务移动还发生在通信双方节点中的任意一方将其服务连接状态转移动到第三方节点继续执行，或者邀请第三方节点加入指定的网络服务等情况下，而在这些过程中，为此次网络服务建立的网络连接拥有不变的连接标识，需要改变的只是连接标识到接入标识的映射关系。

2.4 标识网络优势分析

2.4.1 可扩展性分析

网络在不断发展应用的同时，也遭遇越来越棘手的可扩展性问题，这些问题表现在诸多方面，其中突出表现在网络的规模、网络服务功能、网络服务质量、网络新技术应用等方面。而标识网络体系架构模型对服务标识、连接标识、接入标识、路由标识的抽象设计以及多级映射机制的引入，为网络的可扩展性提供了广阔的空间。下面就标识网络可扩展性的多个方面分别予以分析。

在网络规模可扩展方面，众所周知，网络规模主要表现在节点和链路的数量上，节点和链路的变化将直接影响网络运行、管理和维护的复杂度。而在通常情况下，网络的复杂度与网络节点或链路数量的平方成正比。在标识网络体系架构模型下，引入了接入标识映射，原始规模大小的网络被划分为接入网和核心网两级网络，其复杂性大为降低，增强了核心网络规模可扩展性[7-8]。

在网络服务功能方面，传统网络只支持一种主要的网络服务，对其他种类的服务支持有限。标识网络系统引入了服务标识的概念，并将其抽象为 J 种服务属性 $(P_1,P_2,\cdots,P_J)$ 的集合，即对任意给定的一种服务 S，都可生成对应的服务标识，即

$$S \triangleq \phi\left[P_1^{(S)},P_2^{(S)},\cdots,P_j^{(S)},\cdots,P_J^{(S)}\right] \tag{2-7}$$

在式（2-7）中，$\phi(\cdot)$ 为服务标识生成算子，$P_j^{(S)} (1 \leqslant j \leqslant J)$ 表示服务 S 的第 j 种属性。

同时由于标识网络系统对服务标识解析映射的设计，屏蔽了网络服务对具体网络连接或网络技术的依赖，因此，只需通过映射 $\Phi(\cdot)$，即可为网络服务建立相应的网络连接，满足服务的需求。

在网络服务质量方面，在传统网络体系架构设计中，由于对网络服务质量没有统一的描述，各种应用和设备厂商对网络服务质量都有自己的定义，这使得在网络的具体部署应用中，很难将网络服务的服务质量映射到网络连接传输的各个层面，

也就造成了服务质量功能的形同虚设。而在标识网络体系架构模型下，服务标识对网络服务的统一描述，其服务质量作为服务的属性被统一考虑在内，而且在模型工作过程中每个映射都将服务质量作为输入要素进行处理，这使得在全网部署服务质量支持成为可能。此外，一对一、一对多、多对一、多对多的不确定映射也给不同服务质量需求的网络服务提供了更好的服务质量保障空间。

在网络新技术的拓展应用上，传统互联网采用了“沙漏模型”的设计，简化了网络应用，但这却给网络新技术的应用带来了极大的不便，依赖传统 IP 设计的网络应用很难适应新的网络层技术、传输层技术的发展。标识网络体系架构模型采用网络新技术开放式的设计理念，将网络及传输技术作为网络连接的一个属性在网络需求方和提供方之间进行协商，最终提供给网络应用的是统一的虚拟接口，这给未来网络的发展增添了新的生命力。

2.4.2　移动性分析

标识网络体系架构将移动性拓展为两部分，即网络移动性和服务移动性。网络移动性即通常人们提到的移动性，是指网络节点在网络中的位置发生变化时，可持续获取网络服务的能力。服务移动性，又称为服务迁移性，是指在一定授权范围内，将正在发生的网络服务，在保持服务状态不变的情况下，将其转移至其他源或目的节点继续进行网络服务提供过程的能力。

在传统网络体系架构中，网络的设计主要是以“固定”和“有线”为主，对无线移动环境下服务的可持续性的支持较差。比如在互联网架构中，当节点在网络中的接入位置发生变化时，网络为此节点以 IP 地址为索引建立的连接通常需要重新建立，才能保持服务的继续使用，而重新建立网络连接的时间一般会超过正常服务所容忍的最低限制，从而造成服务的中断。而标识网络体系架构对节点网络移动性的设计，对上层的网络服务和网络连接是透明的，这主要源自接入标识解析映射机制的引入，节点在网络中接入位置的改变表现在由接入标识到路由标识的映射改变上，而上层的网络服务和网络连接与此时的路由标识没有必要的关系，不需要进行任何改变，此时网络服务得以持续的条件等价为在尽可能短的时间内为节点产生新的映射关系，从而保证节点生成网络数据继续在核心网转发和路由，而这一映射过程完全由网络控制，其时延很短，可充分满足网络服务的需要。

传统网络体系架构对服务移动性的支持，仅体现在极少数情景下，如电话转移、会议邀请等，而对绝大多数的网络服务无法支持。而在标识网络体系架构中，连接标识及连接标识解析映射的引入为所有网络服务进行服务移动提供了可能。在网络服务提供的过程中，不论是服务提供方，还是服务需求方，都可在一定的受控范围内进行动态改变、增加、删除等。这在方便网络服务的同时，也对网络服务的可用性、可靠性提供了一定的支持。

2.4.3 安全性分析

标识网络安全性能的提升主要源于几种核心机制的设计，即内在的安全接入控制机制、接入网与核心网分离机制以及多级可控的标识映射机制等，这些新的机制设计使得网络在对恶意用户的控制、提升核心网络的安全、控制用户网络行为等方面的能力大为提升，而这些也正是现有互联网架构最重要的，也是最难以克服的安全问题。下面分别予以分析说明。

传统互联网的设计将终端节点的可信作为前提条件，终端节点只要配置了正确的 IP 地址等信息即可接入网络，缺乏行之有效的接入控制机制，而且在网络的交换转发等方面，缺乏对源节点信息的检查，终端节点通常可以任意伪造其他节点的信息对网络或其他目标发动攻击性的破坏活动，给网络安全带来极大隐患。另一方面，在某些开放的网络接入环境（如公共场合的 Wi-Fi 接入环境）中，用户还可能遭受伪造网络的安全威胁，造成用户信息的泄露。而在标识网络体系架构中，接入标识以节点的身份接入网络，而在接入网络的过程中始终保持不变，借助接入标识始终不变的特点，标识网络在接入标识上融入了更多的安全内容，首先表现在接入标识的分配或者获取上，接入标识是节点身份信息的表现形式，是与节点身份严格绑定的。因此，基于接入标识的网络行为将很容易被网络管理者追踪，这在某种程度上加大了恶意用户发动网络攻击的风险，对限制恶意网络行为具有一定的威慑作用。再者，在标识网络体系架构中，节点的接入控制是内嵌于其中的，也是节点接入网络必须完成的过程。节点接入控制将对节点进行严格的身份鉴权，同时节点也会对网络的合法性进行必要的验证。只有节点完成正确的接入认证过程，网络才会为其后续的网络需求提供必要的资源（如路由标识的分配等），否则该节点将无法获取所需的网络服务。身份信息的双向认证使网络中接入节点身份信息的真实性得以保证，对网络安全事件追踪以及节点行为管控等具有重要意义。

接入网与核心网分离是标识网络的又一特点，在提高网络可扩展性、网络移动性的同时，也极大地提升了核心网的安全性。分离后的接入网和核心网，分别运行于两种不同的标识空间——接入标识空间和路由标识空间。接入标识代表了节点的身份信息，只在接入网使用，而路由标识代表了终端的位置信息，只在核心网使用。接入网与核心网分离的设计使得接入网的用户节点以接入标识发送的网络分组，在未经过接入标识到路由标识的映射变换时，将不能在核心网进行路由和转发，反之亦然。

标识网络多种映射过程的引入，使得任何网络服务通信过程都必须经过必要的映射过程才能完成，这些映射就像天然的屏障一样，分别对网络不同种类的安全性能起到一定的提升作用。接入标识解析映射起到将接入网和核心网隔离的作用（上面已做了描述），同时也在一定程度上保护了接入节点的身份在核心网的隐私和接入节点位置信息在接入网的隐私。服务标识到连接标识的映射使得所有的网络服务过程都需要在授权建立的网络连接下进行，而不同的映射规则将生成不同的连接标识，而不像传统互联网那样采用"知名端口"的服务方式，从而使得针对特定服务进行网络攻击的可能性大为降低，很好地保护了网络服务提供方的利益。连接标识到接入标识的映射使得网络服务过程的数据可以在更多的服务节点和更多的传输通道上进行并行传输，相对不确定的网络提供方以及多通道对数据进行并行传输的设计，使得网络中的第三方获取整个网络服务数据的可能性大大降低，网络服务数据得到了更好的安全保证。

2.4.4　可靠性分析

冗余备份是提高网络可靠性最直接有效的方法。但是通常的冗余备份设计方案，需要成倍地增加设备、扩充网络链路等，这种设计方案有时候很难被用户所接受。而标识网络在不增加网络成本的前提下，在很多方面为冗余备份提供了基础，这也是标识网络对网络资源有效利用的体现。

在接入标识到路由标识的映射过程中，灵活的映射算法可以将同一个接入标识生成多个不同的路由标识，这些路由标识可以同时使用，也可以单独使用，而不同的路由标识往往具有不同的网络属性，进而导致其在核心网中的传输路径不同。因此，对于同一网络服务来说，就可以借助由映射生成的不同的路由标识构成其在核心网进行传输的冗余路径，达到提高网络可靠性的目的。

在连接标识到接入标识的映射中，为同一个网络服务而生成的连接标识，可以映射到不同的接入标识，进而获取网络服务，显然这种设计使得网络在给用户提供服务时降低了对单一提供节点的依赖，提高了网络服务的可靠性。在映射过程中，即使映射到同一个接入标识，也同样具备一定的网络传输冗余空间，这是由于标识网络中连接标识到接入标识的映射最终对应的连接通道对应于一个接入标识，同一个连接仍然可以映射到不同的连接通道，通过使用不同传输协议或者队列控制算法，来达到提高网络服务可靠性的目的。

在标识网络服务的过程中，为网络服务映射生成的网络连接还会在必要的时候进行自适应的连接标识到接入标识的映射变换调整，将最适宜的网络服务节点和网络传输通道提供给网络用户。动态实时性的服务节点和连接通道的调整在架构机制上为网络的可靠性提供了保证。

2.4.5 可控可管性分析

传统网络体系架构端对端透明式的设计，使得网络仅作为网络数据转发的载体而存在，对网络服务并没有针对性的控制手段。网络所能做的仅是对特定节点或特定传输协议的简单的、预先设定的通断控制，很难达到网络整体平稳运行的目的。而在标识网络体系架构中，各种标识的定义以及映射过程的引入，使得网络在各个层面具备了可控制和可管理的对象。而标识网络中各种标识的管理、维护，以及各种映射规则、映射过程都是在网络的直接或间接控制下完成的，这也是标识网络具有可控可管性的主要原因。

服务标识用于描述服务，在标识网络服务架构中，任何网络服务首先必须进行网络服务注册，生成必要的服务标识，才能在网络中被应用。通过对服务标识的分配管控，可以很容易实现服务的统一控制和管理，使得非法的网络服务屏蔽于标识网络之外。连接标识代表一次服务的连接过程，标识网络对连接标识的管控主要体现在连接标识分配的过程以及对网络资源配置的可控上，使得其承载的网络服务按质按量地完成，同时也可以对利用已建立网络连接的恶意网络行为通过取消连接的方式加以控制。接入标识代表用户节点的身份信息，通过对接入标识的网络准入控制，就能合理地控制网络的规模，并最终使得网络状态稳定在预定的阈值范围内。

同时，标识网络对各种标识映射过程的控制，更体现了标识网络的可控可管性。网络对服务标识解析映射的控制能力使得网络中网络服务的实现方式可以由网络控制。不同的服务对网络的需求各不相同；同时不同的网络连接路径可以具有不同网络资源特性。因此，灵活地定义服务标识解析映射以及连接标识解析映射的规则，就能有效地控制和管理服务的最终实现方式。

网络对服务标识到连接标识映射以及连接标识到接入标识映射的控制能力，意味着网络对用户的网络行为具有控制和管理的能力。连接标识在标识网络映射体系中的“承上启下”的作用，使得它既可以反映用户对网络服务的需求情况，又可以反映节点连接对网络资源的占用情况。通过对连接标识的监控以及对上下两个映射有效的控制，就可以实现对用户节点网络行为的有效监管。

接入标识到路由标识的映射由网络控制，意味着网络对核心网路有资源的控制和管理能力。同时合理定义的映射规则，可以最大限度地使网络的流量实现域间负载均衡分布、域内更细粒度的流量工程、接入用户的多家乡连接等，从而优化网络资源，提高网络的利用率。

参考文献

[1] MODARRESSI A R, MOHAN S. Control and management in next-generation networks: Challenges and opportunities[J]. IEEE Communications Magazine, 2000, 38(10): 94-102.

[2] CLARK D. A new vision for network architecture[EB].

[3] 张宏科, 罗洪斌. 一体化可信网络与普适服务体系基础研究：目标、思路及进展[J]. 中国通信, 2008, (4): 69-74.

[4] 苏伟, 张宏科. 973 项目“一体化可信网络与普适服务体系基础研究”探究互联网多元一体化服务[J]. 中国教育网络, 2007, (9): 32-34.

[5] 张宏科, 陈哲. 智慧协同标识网络[J]. 中兴通讯技术, 2014, 20(4): 53-56.

[6] CHEN M H, MIN D, LIANG B. Resource sharing of a computing access point for multi-user mobile cloud offloading with delay constraints[J]. IEEE Transactions on Mobile Computing, 2017, (99): 1-10.

[7] QUOITIN B, IANNONE L, DE LAUNOIS C, et al. Evaluating the benefits of the

locator/identifier separation[C]//Proceedings of 2nd ACM/IEEE International Workshop on Mobility in the Evolving Internet Architecture. New York: ACM, 2007: 35-40.

[8] DONG P, WANG H, QIN Y, et al. Evaluation of scalable routing architecture based on locator/identifier separation[C]//2009 IEEE Globecom Workshops. Piscataway: IEEE Press, 2009: 1-6.

第3章

标识网络接入技术

为实现标识网络对异质异构网络及终端的接入、网络可扩展性、移动性等的支持，本章首先阐述在由异质异构接入网络组成的环境下，标识网络的统一接入控制机制，有效解决标识网络架构对变长接入标识终端的支持。接着介绍接入网内基于扁平化标识的路由机制，从而实现不同标识类型数据分组在接入网内的一致性路由，同时解决节点在接入网内的移动支持。最后，给出标识网络身份与位置分离下的标识映射机制下的路由标识管理、映射缓存设计以及节点移动性支持等问题，接着以实际网络日志的分析规律分析真实流量对接入交换路由器映射可能造成的影响，给出设计标识映射机制参数的意义。

3.1 标识网络接入控制机制

现有互联网在设计初期，网络中的节点被假设处于相对可信的环境之中。而随着互联网技术、规模以及商业运作模式的不断发展，这种假设已不再成立。而且由于互联网协议的开放性，网络中的数据分组在转发的过程中，网络中的节点可以利用网络嗅探类的工具（如 TCP Dump[1]、Wireshark[2]）将网上流过的数据分组捕获下来，并将数据分组的内容信息分析出来。这些工具的使用在一定程度上使得网络上传输的数据变得可见，能够观察到一些网络用户正在进行的操作和传输的数据。更有甚者，冒名顶替者或者通过截获合法用户信息而进行伪造数据报文的第三方，通过冒充已被授权的用户，可以获得网络访问权，从而对其他网络节点构成攻击威胁。因此，节点的身份安全成为网络安全最基础的要求[3]。

作为保证网络安全的第一道门槛，网络接入控制技术可以保护网络资源或服务免于被非法用户接入，在现代信息和网络安全中占据重要的位置，在标识网络架构中也被列为关键技术之一。

文献[4]给出了一种网络入口源地址过滤的方法，它要求互联网业务提供商以及网络的边缘组织使用限制进入网络的源地址和到限定的外部网络的过滤器。现有网络中入口过滤典型的实施操作就是在接入网络的交换机或路由器上将终端的 IP 地址、MAC 地址以及物理端口进行绑定。入口过滤存在一个严重的弊端，就是不支持终端的移动性，而且入口过滤方法只有在所有或者至少大部分的入口节点都启用的情况下才能工作。以今天的互联网状况来看，即使有 25%的互联网是不安全的，那些想进行源地址伪造的分子也能很容易地连接到不安全的节点，进而对网络或者其他用户构成威胁。

单播反向路径转发过滤[5]是另外一种防止地址欺骗的技术，它要求网络中的路由器如果不能将接收数据分组的源地址作为目的地址，并将数据分组沿着接收路径返回，就丢弃该数据分组，而不进行转发。假设网络采用对称路由，且具有源地址伪造的数据分组产生，那么，具有 n 条链路和配置了单播反向路径转发过滤功能的路由器将丢弃 $(n-1)/n$ 的这种数据分组，这将大大降低利用伪造源地址进行 DoS 攻击的可能性。但是单播反向路径转发过滤不适用于非对称路由发生的情况，这就使得很大一部分网络不能使用这种方法，而且由于对网络接入源地址的严格限制，这种方法难以满足日益增长的终端移动性需求。

在网络通信安全研究上，因特网工程任务组（Internet Engineering Task Force，IETF）还设计了一套 IPSec（IP Security）协议[6-8]，该协议在 IP 层提供鉴别和保密功能。但由于 IPSec 协议采用三重数据加密标准（Triple Data Encryption Standard，Triple-DES）[9]进行加密和解密的过程需要耗费一定的时间，因此会降低数据传输的速度，使网络吞吐量下降。IPSec 协议也无法完全解决目前广泛存在的 DoS 攻击，而且 IPSec 协议的安全主要体现为端到端的安全，它无法解决当前存在的终端对网络的攻击行为，它虽然可以改变 DoS 攻击的基础，对使用了 IPSec 协议系统的攻击可能与对其他系统的攻击不同，但它不能消除这种攻击的可能性。

早期提出的另外一些接入控制机制[10-12]，在安全性、移动性支持或即插即用支持上缺陷较多；基于上下文的接入控制机制[13-14]，可以解决终端接入网络的灵活性，但它们仍然是单向的认证方式，即只能完成网络对终端的认证，而终端无法判断虚假的网络接入点。而且，这些认证方法，有的需要占用较多的计算资源，有的需要占用较多的存储资源，这些要求很难满足未来网络体系下大量资源受限的传感器节点的接入需求。

在标识网络架构下，终端接入类型变得多种多样，而且移动性能要求也越来越高，当前的接入控制机制明显不能满足未来无处不在的网络接入需求。本书提出了一个基于终端身份的统一安全接入认证机制[15]，该机制将有效地建立终端和网络间的互信环境，将伪造的终端屏蔽于合法的网络之外，同时又使得终端免于非法网络的欺骗，这也是未来网络架构安全的基本要求[16]。此外，该机制将对异种终端的认证统一为标准格式，适应标识网络体系下接入终端种类繁多的需求，同时它可以提供较小的移动切换时延。

基于终端身份的统一安全接入认证机制将网络对终端的接入认证分为使用前注册和使用时认证两个过程，即，一个终端要想接入网络并使用网络服务，必须提前在网络管理部门进行注册，将唯一标识终端身份的信息注册到网络中的接入标识认证服务器，这样，在终端接入网络时，网络便能根据终端事先注册的信息对其进行身份认证，从而达到对终端合理控制的目的。

3.1.1 节点身份的获取与标识

在标识网络体系下，由于要允许各种不同种类的网络终端（如计算机、便携机、固定电话、手机、掌上电脑、无线传感器网络节点）的接入，而各种终端当前都有自己的标识，要实现对其达到接入控制的目的，使其统一接入标识网络，就必须抽象出一种统一的身份信息。

尽管各种终端类型的标识不同，但其都有一些基本的原子属性，比如设备的类型、生产厂家、生产序列号等。在此，将这些属性抽象为 A_i ，则每种类型的终端设备的所有属性将可表示为

$$P \subseteq \{A_i : 1 \leqslant i \leqslant n\} \tag{3-1}$$

其中，i 为变量，n 代表抽象属性的种类数。定义函数 $I_i(A_i)$ 为第 i 个属性 A_i 的格式化函数，并且 $I(A)$ 满足

$$I(A) = \sum_{i=1}^{m} I_i(A_i) \tag{3-2}$$

则由式（3-1）和式（3-2）可知，每个终端统一身份标识 HI 可表示为

$$\mathrm{HI} = I(P) = \sum_{i=1}^{m} I_i(p_i) \tag{3-3}$$

其中，$p_i \in P$ ，i 为变量，$1 \leqslant m \leqslant n$ ，m 代表节点的抽象属性的种类数。

经过上面函数的抽象处理后，对于每一种设备，都可以得到经过格式化的 HI 。图 3-1 形象地给出了上述过程。

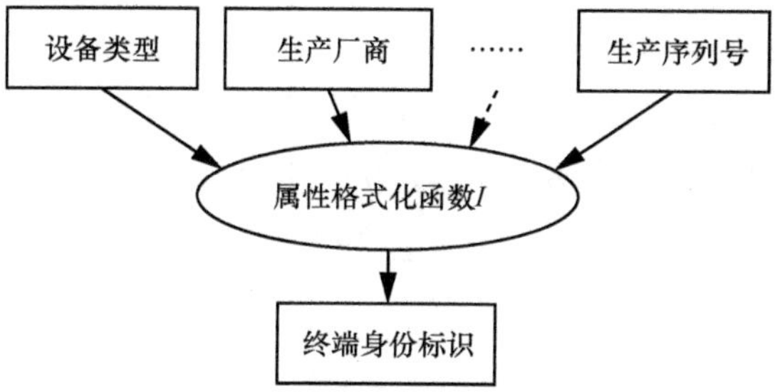

图 3-1　终端身份标识生成示意

3.1.2　可信接入控制机制

在标识网络体系的设计中，终端必须首先到认证中心的接入标识认证服务器（以下简称认证中心或 AUC）注册自己的身份信息等资料，才能使用网络。注册的信息可简单表示为

$$\mathrm{Info}_{\mathrm{reg}}=\{\mathrm{AID},\mathrm{HI},\mathrm{KEY}\} \tag{3-4}$$

其中，AID 表示终端的接入标识；HI 表示 3.1.1 节提及的终端统一身份标识，由终端在注册时生成；KEY 表示终端注册及认证时使用的主密钥。详细的注册过程可用如下 4 个步骤进行表示。

步骤 1　终端在申请入网注册请求时，需要准备终端统一身份标识生成需要的属性信息、终端认证主密钥以及用户信息等。

步骤 2　用户须将步骤 1 中准备好的信息通过安全的通道注册到认证中心的接入标识认证服务器，为确保安全，用户最好亲自去管理机构进行办理。

步骤 3　此时，认证中心需要在未启用的接入标识库中随机产生终端的接入标识，或者由用户在未启用的接入标识库中指定终端的接入标识。

步骤 4　认证中心以终端的接入标识为索引，并根据单向加密算法，将终端统一身份标识、终端认证主密钥等信息以密文的形式存储在认证数据库的列表中，并标明该终端接入标识已经启用。

当终端完成上述的身份标识注册过程后，就可以试图完成以下的认证过程而使用网络了。

为了使终端和网络之间建立一个互信的网络通信环境，终端与网络间还必须完成以下认证过程，才能进行正常的通信。否则，双方都会认为对方是虚假或冒充的，而不能进行任何后续的数据通信。

本书给出的安全认证机制需要终端和网络之间完成图 3-2 所示的 8 种消息的交互。对于通过认证的终端，网络中的接入交换路由器（ASR）将为其分配和维护接入标识和路由标识的映射关系，而终端也将对应的接入交换路由器设为自己的接入点或网关。

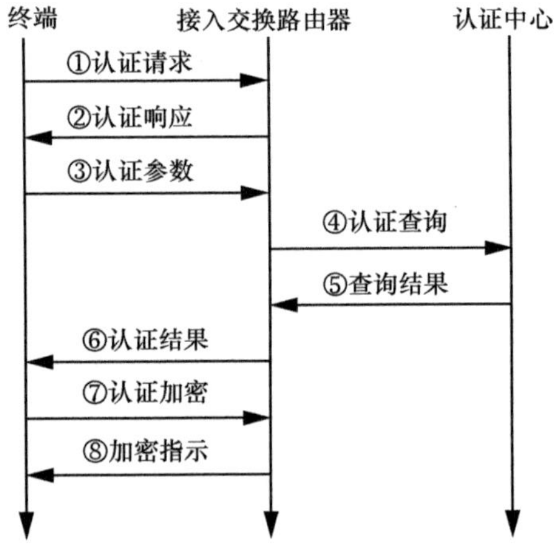

图 3-2　基本认证消息交互过程

终端和网络间的认证过程可以具体由以下过程描述。

步骤 1　终端 H 产生并记录随机令牌 T_{host}，并将构造认证请求消息 $M_{authreq}=\{T_{host}\}$，然后发送到预接入的 ASR。

步骤 2　对应的 ASR 在自己的令牌库中随机抽取令牌 T_{asr}，然后附着接收到的终端发送的令牌 T'_{host}，构建认证响应消息 $M_{authrep}=\{T'_{host}|T_{asr}\}$ 发送回终端 H。

步骤 3　当终端 H 接收到 ASR 发送的认证响应消息 $M'_{authrep}$ 后，它将按如下规则处理该消息。

如果接收到的 T'_{host} 与自己保存的 T_{host} 相同，并且其生存时间 Lifetime(T''_{host}) 有效，则生成认证参数消息 $M_{authpar}=\{T_{host}\,|\,T''_{asr}\,|\,E_{key}(\text{HI})\,|\,\text{Challenge}\}$ 发送给 ASR，继续认证过程；否则终端 H 将丢弃接收到的认证响应消息 $M'_{authrep}$，退出认证过程或重新发起新的认证过程。

步骤 4　当 ASR 收到终端的认证参数消息 $M'_{auhtpar}$ 后，它将按如下规则处理该消息。

如果能在自己的令牌库中找到与接收到的 T''_{asr} 相同的令牌 T_{asr}，并且其生存时间

Lifetime(T''_{asr}) 有效，则生成认证查询消息如下。

$M_{authque}=\{T_{host}\,|\,T'_{asr}\,|\,E_{key}(\mathrm{HI})\,|\,\mathrm{Challenge}\,|\,\mathrm{AID}_{host}\}$，发送给对应的 AUC；否则终端 H 将丢弃接收到的认证响应消息 $M'_{authpar}$。

步骤 5　AUC 接收到 ASR 发送的认证查询消息 $M'_{authque}$ 后，在自己的认证数据库中检查 $M'_{authque}$ 中 AID_{host} 对应的条目是否存在，如果存在，认证状态标记 $F(M_{authque})$ 将被设置为成功，并计算终端对网络挑战（Challenge）的响应（Response）；否则 $F(M_{authque})$ 被标记为失败，然后 AUC 构造查询结果消息如下。

$M_{querres}=\{F(M_{authque})\,|\,\mathrm{Info}_{encrypt}\,|\,\mathrm{Response}\,|\,\mathrm{AID}_{host}\}$ 发送给 ASR，其中 $\mathrm{Info}_{encrypt}$ 是用于终端 H 和 ASR 之间后续数据通信可使用的加密信息。

步骤 6　ASR 接收 AUC 发送的查询结果消息 $M'_{querres}$ 后，如果 $F'(M_{authque})$ 为成功，将为对应的终端 H 分配一个路由标识，维护对应的映射关系，记下此终端的加密信息 $\mathrm{Info}'_{encrypt}$，同时向终端 H 发送认证结果消息 $M_{authres}=\{F(M_{authque})\,|\,\mathrm{Response}\}$；否则直接向终端 H 回应认证结果消息。

步骤 7　终端 H 接收到 ASR 发送的认证结果消息 $M'_{authres}$ 后，可以获知自己的认证结果，并可根据其中包含的 Response′ 判断网络是否合法。如果网络合法，终端 H 可以通过认证加密消息 $M_{authenc}=\{\mathrm{MODE}_{encrypt}\}$ 与 ASR 继续协商后续加密模式信息。

步骤 8　ASR 接收到终端 H 发送的认证加密消息后，将利用产生加密指示消息 $M_{encrind}$ 完成与终端通信的加密信息协商。

为了对接入网络的终端实施近乎实时的控制，接入交换路由器上的认证列表需要进行定时更新，超过规定的时间，对应的终端认证条目将被从认证列表中删除。在本书提出的安全认证机制中，终端和网络间的定时更新很容易通过扩展最后两个消息来完成。此外，通过对最后两个消息的扩展，可以实现对认证列表中的条目的更新维持，而不必由终端在此后发起整个认证过程。

为了更好地支持节点的移动，减小认证过程对节点移动切换时延的影响，可以设计认证信息分发过程，从而使得节点在移动到新的 ASR 覆盖范围时，新的 ASR 能够直接启用该节点的认证信息，为其提供接入服务。

3.1.3　评估与分析

网络对于终端的接入及其认证的安全问题是不能忽略的。由于本书是在身份与位置分离的网络架构下开展的研究，核心网的安全已由分离映射的网络结构本身所保护。本节主要对终端与网络之间的认证过程的安全性进行分析，下面就对以下几种常见的威胁模型进行分析。

（1）身份欺骗

本节提出的安全快速认证机制是建立在终端和网络双向认证的基础上的。在该认证机制的设计中，既有网络认证终端时需要终端发送认证参数信息的过程，又有终端认证网络时要求网络应答其挑战的过程。这两个过程的设置，保证了双方的互信。

（2）DoS 攻击

DoS 攻击是一种常见的攻击方式，攻击者利用接入设备的缺陷，向接入设备发送大量的非法消息，使其忙于处理并拒绝这些消息而无法及时地处理合法终端接入网络时的认证消息。本节提出的机制在预防 DoS 攻击上，进行了深入的考虑，对于需要进行认证的终端发送来的认证消息，要求其必须含有接入交换路由器下发的随机令牌才进行认证，否则不予处理，而且令牌设置了生存有效时间，这在某种程度上防止了终端的 DoS 攻击。

（3）克隆威胁

克隆即通常所说的身份冒充，即在合法终端通过认证以后，攻击者通过修改自己的接入标识来冒充合法终端而接入网络的行为。在本书设计的方案中，终端通过认证以后，会与接入交换路由器协商后续通信过程的加密方式等信息，即保证后续的通信建立在安全的连接之上，攻击者无法获悉合法终端和接入交换路由器之间的加解密密钥，从而可以防范克隆攻击。

（4）重放攻击

重放攻击是指攻击者通过重复发送合法终端或接入交换路由器已发送的消息来骗取对方的信任。在本书提出的机制中，设计的随机令牌具有一定的生存时间，只有在有效的生存时间内发送的消息才能被接收方认可，这在一定程度上保证了防范重放攻击的可能。

（5）中间人攻击

中间人攻击即攻击者通过篡改接收到的对认证过程起重要作用的合法消息，进而发送给接收方，导致认证失败的攻击方式。在本书提出的机制中，关键的消息如认证结果消息、认证加密消息、加密结果消息等，在其对应的发送方都进行了数字签名，使得中间人无法篡改这些关键消息。

为了评估本书设计的网络安全接入认证机制的功能以及性能，本书作者在原型系统中进行了测试。在开始测试前，首先把各终端的身份标识等信息注册到各自管理域内的认证中心。在测试实验中，本书将测试分成了多种情况，利用 ping 命令对认证的结果进行衡量，表 3-1 给出了各种情况及其测试结果。从表 3-1 的结果可以看出本书提出的安全认证机制实现了网络接入认证的功能要求，有效地将非法用户屏蔽于网络之外，同时实现了终端对网络的认证，使得终端和网络之间真正建立了互信的网络通信环境。

表 3-1　接入认证机制功能测试结果

S_{REG}	T_{Host}	T_{ASR}	S_{RP}	S_{HI}	R_{ping}
√	√	√	√	√	√
√	×	—	—	—	×
√	—	×	—	—	×
√	—	—	×	—	×
√	—	—	—	×	×
×	—	—	—	—	×

S_{REG}（注册状态）	√：注册	×：未注册	
T_{Host}（终端令牌）	√：正确	×：错误	—：任意
T_{ASR}（ASR 令牌）	√：正确	×：错误	—：任意
S_{RP}（挑战响应状态）	√：正确	×：错误	—：任意
S_{HI}（终端统一身份标识状态）	√：正确	×：错误	—：任意
R_{ping}（ping 测试结果）	√：成功	×：失败	

认证时延和同时支持的终端数量是认证机制两个较为重要的性能衡量指标，特别是当认证机制被应用于大规模网络时，这两个指标更加重要。在对本节提出的安全认证机制的性能测试中，本书主要测试了由整个认证过程引入的时延分布以及认证时延与接入交换路由器和认证中心认证条目之间的变化关系。

图 3-3 和图 3-4 是实验测量结果。由图 3-3 可以获知整个认证过程的时延（单位：ms）主要分布在区间[4,10]内，平均值在 6.2 ms 左右。而在同样性能的实验平台下，本书也曾利用主机标识协议（Host Identity Protocol，HIP）[17-18]中提到的安全

机制做了类似的实验，得到的结果都在 100 ms 左右，而基于 Web 的认证则需要更长的时间[19]。

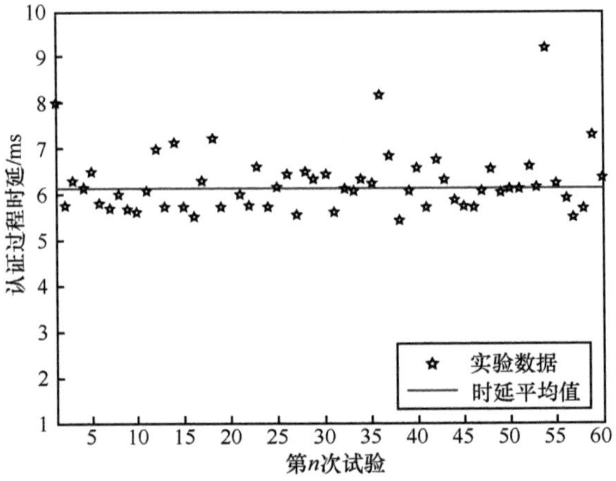

图 3-3 认证过程引入的时延

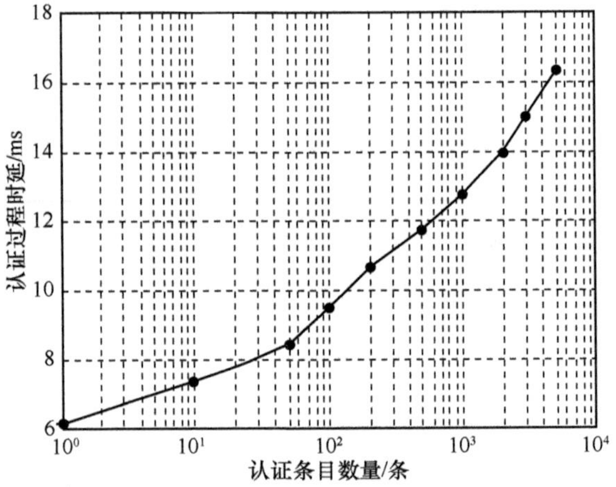

图 3-4 认证时延与系统认证条目数量之间的变化关系

从图 3-4 中可以看到，当系统中的认证条目数量增长到 5 000 条时，整个认证过程的完成不超过 20 ms，这满足终端切换对时延的需求。而且从图 3-4 中曲线的增长趋势看，认证过程时延与系统认证条目的数量基本上成对数关系，即使系统认证条目增加，在一个认证中心管理中小网络规模数量的终端环境下，其性能仍可以满足终端移动切换时的时延需求。

3.2　接入子网路由机制

3.2.1　接入子网需求分析

在标识网络系统中，接入网与核心网分离的设计使得核心网的可扩展性大为增强。但是如果在接入部分所有的接入节点都直接接入核心网边缘的接入交换路由器，那就意味着为了让接入节点接入标识网络，就需要在核心网边缘部署更多的接入交换路由器，或者更多的接入接口（毕竟单台接入交换路由器的接入能力有限），如此便会造成网络的规模较传统的互联网没有根本性的区别，也就很难有效地实现网络的可扩展性。

允许用户自己组织一定规模的网络，进而通过接入交换路由器接入标识网络核心网是标识网络必备的能力。这也符合当前局域网、企业网发展的需要。以接入子网的形式使得接入节点接入标识网络在一定程度上提高了网络的接入利用率，使得接入网和核心网的可扩展性都得以延续。

标识网络架构下的接入网与传统网络最大的不同就是接入网类型不同，因此对应不同类型的网络，可能具有不等长度的接入标识。此外，节点移动的普遍性使得同一个接入网内的接入标识几乎没有规律，而不像传统的互联网，接入网内部的 IP 地址具有相同的网络前缀，因此基于网络前缀匹配的原则在标识网络的接入网将变得不再实用。而基于主机的路由机制，虽说可以实现接入网内节点间的互通，但要使得接入网内每个路由节点存储和维护所有的主机条目，这本身就是一个负担，维持节点之间的同步将变得更加困难。因此“扁平化”是标识网络接入网内节点接入标识的最大特征。

标识网络接入子网路由的需求如下。

（1）支持不同种类的终端

异质异构互联是未来节点通信的发展趋势，也是标识网络的目标。在标识网络中，异质异构互联主要体现在接入网内部。在接入网内，将出现不同种类不同介质的网络节点，如以太网、Wi-Fi、无线传感器网络节点等，这些都需要接入网络，而这些网络节点通常具有不同的传播载体以及不同的传输协议，因此在设计标识网络接入网子网时，必须将这些因素考虑在内，接入网内的路由设备需要具备适应不同类型接入节点的接口和协议等。

（2）支持变长的接入标识

由于接入网种类不同，以及不同种类网络的用途以及节点数量差异等，各种网络节点的接入标识长度可能不同（实际上也不需要相同），比如针对小规模的个人或者家庭传感器网络节点，由于传感器网络节点本身的存储和处理资源都有限，接入的标识也不宜过长，能区分各节点即可，此时 16 bit 的接入标识足够。而针对另外一些大规模的接入网，比如学校局域网或者企业局域网，网络节点的数目巨大，此时接入标识的长度则可以设置为 32 bit 或者更长。不同长度的接入标识本身就是不同的接入空间，这种设计使得接入网的接入能力比定长的接入标识具有更好的可扩展性。

（3）支持接入网内部移动

在接入网内部允许网络节点在一定范围内接入位置发生变化时可以自动进行网络自适应调整，保证用户节点的网络服务得以持续。而且接入网内部的移动方案的设计不应过于复杂或开销太大而影响网络的运行。

3.2.2 接入子网标识路由机制

接入网内的接入节点由于其移动特性导致的接入标识无规律以及不等长接入标识的存在，使得节点接入标识呈现扁平化特征，此时解决节点间的互通，通常可以考虑两种方法：一种是使用传统的路由协议，如路由信息协议（Routing Information Protocol，RIP）[20]、开放式最短径优先（Open Shortest Path First，OSPF）[21]等，将所有接入节点的接入标识在接入网络的各路由器间进行扩散，使得全接入网内的接入路由器获得所有接入节点的路由；另一种则是将接入节点的接入标识进行分布式哈希处理，利用新的平面路由机制，解决接入节点间的互通。

然而，使用传统的路由协议部署较为简单，但要实现全节点的互通，管理员通常需要进行大量的手动配置工作，因为对于每个接入节点的接入来说，都需要增加新的路由条目。烦琐的配置将极易导致配置出错，手动配置也难以满足节点对移动的需求，所有路由节点学习和应对网络中所有节点路由改变，也将造成效率低下、收敛时间较长等问题。此外，目前传统的路由协议只支持 IPv4、IPv6 等特定的接入标识，在适应接入节点变长/不等长接入标识方面，传统的路由协议将无能为力。

因此，在解决不同结构标识的混合路由问题时，特别是标识在呈现无规律特征的情况下，更多的研究者将目光转移到对平面化路由方法的研究。文献[22]给出了一种利用平面化主机标识进行路由的方法。文献[23]给出了一种在大规模以太网环境下应用分布式哈希表（Distributed Hash Table，DHT）算法进行数据分组交换的方法。通过实行平面化的编址结构，保证了大型企业的即插即用功能。但其只针对链路层面数据分组的交换，没有提供有效的路由转发机制。

本节提出了一种适用于标识网络接入网内基于扁平化接入标识的路由机制，结合网络链路状态和分布式哈希路由方法，解决可变长以及无共有前缀特征属性接入标识的网络节点组网并进行接入网内快速、准确路由转发的问题。同时新的接入网路由机制还解决了接入节点在接入网内的移动问题。

本节设计的接入子网路由机制最主要的特征是将传统的链路状态与分布式哈希表算法完美结合，利用分布式哈希表算法存储接入节点及其接入位置的对应关系，并以数据分组目的的哈希值作为路由索引，在接入网路由节点间进行路由转发，利用链路状态的快速感应机制来触发对哈希路由的维护，实现哈希路由的快速收敛。其完整的工作过程分为邻居发现、链路状态数据库生成、哈希路由建立、接入节点位置注册、接入节点间数据分组转发等。

本节用到的符号及其定义见表 3-2。

表 3-2　接入子网路由相关符号及定义

符号	定义
N_i	节点 i 的接入标识
Puzzle	邻居节点验证对方时设置的谜题
Solution	对邻居节点设置的谜题的解答
D-H	D-H 算法参数信息
Sig(N_i)	接入标识为 N_i 的节点进行的签名信息
Para(N_i)	节点 i 与其接入标识 N_i 的参数信息
HMAC	哈希消息认证码
l_{ij}	节点 i 和节点 j 之间的链路数目
$P_{ij}^{(k)}$	节点 i 和节点 j 间的第 k 条链路属性

（1）邻居发现过程

基于扁平化接入标识的交换路由机制将接入网的节点分为两种类型，一种是路由节点，负责存储和维护部分接入节点的接入标识和接入位置的对应关系，同时负责处理和转发流经的数据分组；另一种是普通接入节点，也可称为用户节点，主要完成用户服务的数据产生和数据接收。

接入网中的各路由节点通过邻居发现过程来维持节点邻居间的链路状态，如图 3-5 所示。

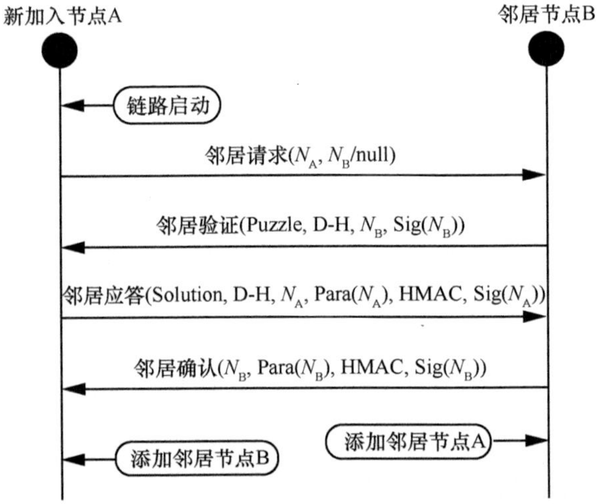

图 3-5　接入网节点间邻居发现过程

邻居发现过程需要节点与其邻居节点间交互 4 个数据分组完成，最终使得节点间建立可信的邻居关系。具体过程如下。

① 当新加入节点 A 检测到链路启动后，将向其连接的链路广播发送邻居请求消息，同时设置邻居请求发送状态。在邻居请求消息中包含节点 A 的接入标识 N_A，以及节点 A 欲建立邻居关系的节点 B 的接入标识 N_B（如果节点 A 想在该链路上获取所有邻居节点的信息，节点 A 直接设置为空）。

② 节点 B 接收到节点 A 发送的邻居请求后，由于其不确定节点 A 的可信度，不为节点 A 保留任何状态，直接利用其预处理好的内容构造邻居验证消息，并返回节点 A。邻居验证消息包含了节点 B 设置的谜题 Puzzle，D-H 算法的公钥信息 D-H，节点 B 的接入标识 N_B，以及节点 B 的签名信息 Sig(N_B)。

③ 节点A接收到节点B返回的邻居验证消息后，首先检查自己的邻居发送状态，如果节点 B 满足邻居请求发送状态（或者存在广播邻居请求发送状态），则节点 A 处理该消息，并构建邻居应答消息发送节点B，同时将节点B的状态改为邻居应答发送状态，邻居应答消息包含节点 A 对谜题Puzzle的解答Solution， D-H 算法公钥信息D-H，节点A的接入标识 N_A，节点A的节点参数信息Para(N_A)，哈希消息认证码HMAC，节点A的签名信息Sig(N_A)。否则节点A将直接丢弃该邻居验证消息。

④ 节点 B 接收到节点 A 发送的邻居应答消息后，需要验证节点 A 的应答Solution，生成D-H 算法共享密钥，验证节点 A 的签名信息Sig(N_A)。如果验证信息正确，将回应节点A以邻居确认消息，其中包括节点B的接入标识 N_B，节点B的节点参数信息Para(N_B)，哈希消息认证码HMAC [24]，以及节点 B 的签名信息Sig(N_B)，并将节点A添加进邻居列表。否则，节点B将丢弃该邻居应答消息。

⑤ 节点A接收到节点B发回的邻居确认消息后，检验节点B的状态是否为邻居应答发送状态，若是，将继续处理该消息并利用HMAC及Sig(N_B)验证其正确性；否则丢弃该消息。邻居确认消息经过验证后，节点B将被添加到节点A的邻居列表中，并更新节点B的状态为邻居确认状态。

经过上述的操作后，节点A和节点B将互相加为邻居。之后节点A和节点B之间将相互周期性地发送邻居确认消息以通告自己的存在，并在一定时间内接收不到对方的邻居确认消息后，将邻居节点在邻居列表中删除。

（2）链路状态数据生成过程

节点在完成邻居发现过程的基础上，将与建立的邻居交互自己的链路状态数据信息，并最终实现全接入网内路由器之间一致的链路状态数据库。链路状态数据信息包含节点的邻居信息以及节点从其邻居节点学习来的链路状态数据信息。最终接入网内的每个节点都将获得全接入网的拓扑连接信息以及任意相邻节点间的链路状态等信息。以图3-6为例，节点C中链路状态数据库见表3-3。

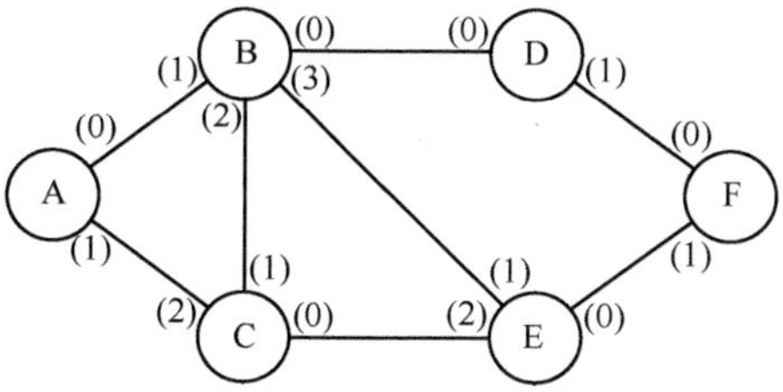

图 3-6　接入网路由节点拓扑连接示意

表 3-3　节点 C 的链路状态数据库

链路序号	节点	节点	链路属性	来源
1	C	A	$P_{CA}^{(i)}(1 \leqslant i \leqslant l_{CA})$	C
2	C	B	$P_{CB}^{(i)}(1 \leqslant i \leqslant l_{CB})$	C
3	C	E	$P_{CE}^{(i)}(1 \leqslant i \leqslant l_{CE})$	C
4	A	B	$P_{AB}^{(i)}(1 \leqslant i \leqslant l_{AB})$	A
5	B	D	$P_{BD}^{(i)}(1 \leqslant i \leqslant l_{BD})$	B
6	B	E	$P_{BE}^{(i)}(1 \leqslant i \leqslant l_{BE})$	B
7	E	F	$P_{EF}^{(i)}(1 \leqslant i \leqslant l_{EF})$	E
8	D	F	$P_{DF}^{(i)}(1 \leqslant i \leqslant l_{DF})$	E

（3）哈希路由建立过程

当路由节点获取整个接入网的链路状态数据库后，首先根据整个接入网拓扑中的路由节点的接入标识 N_i 进行简单的一致哈希运算 $\text{Hash}(\cdot)$，得到路由节点的接入标识的哈希值 $h_i = \text{Hash}(N_i)$，然后将各个节点的哈希值 h_i 按照大小进行顺时针排列，并将最大值和最小值连接构成哈希节点虚拟环（Circle），如图 3-7 所示。

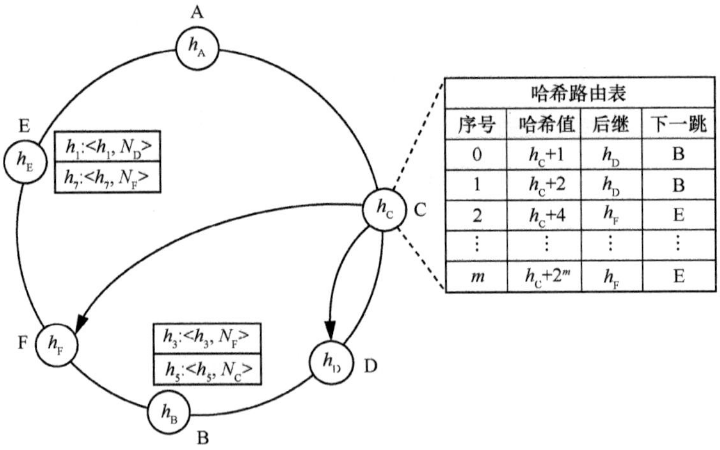

图 3-7　接入网路由节点哈希虚拟环

本节利用 Chord[25]算法的原理，将接入网内的数据分组按照节点接入标识的哈希值在 Chord 虚拟环中的位置进行路由转发，因此接入网内的路由组织将变成<哈希值，下一跳节点>的模式。假设此处一致性哈希 $\text{Hash}(\cdot)$ 的结果比特为 m 位，即其

值域为 $[0, 2^m - 1]$，且以下所有的运算都以 2^m 取模。

为了表达方便，做如下定义。

后继节点（Successor）：在哈希节点虚拟环，对应于某个节点，沿顺时针方向上邻近该节点哈希值的节点哈希值对应的节点。节点 I 的后继节点记为 $\text{Successor}(I)$。

前驱节点（Predecessor）：在哈希节点虚拟环，对应于某个节点，沿逆时针方向上邻近该节点哈希值的节点哈希值对应的节点。节点 I 的前驱节点记为 $\text{Predecessor}(I)$。

由此，对应任意给定的接入标识 N_x，总可以在哈希节点虚拟环中找到一个节点 S，使得如下条件满足。

$$\text{Hash}(N_{\text{predecessor}}(S)) < \text{Hash}(N_x) \leqslant \text{Hash}(N_S) \tag{3-5}$$

其中，N_S 和 $N_{\text{predecessor}}(S)$ 分别为节点 S 以及节点 S 前驱节点的接入标识，此时记节点 S：$S = \text{Locator}(h_x)$，其中 $h_x = \text{Hash}(N_x)$。

在接入网内每个路由节点中将计算和维护 m 条路由。以节点 i 为例，其中第 k 个路由条目为：$< h_i + 2^{k-1}, N(h_i + 2^{k-1}) >$，其中 $1 \leqslant k \leqslant m$。该路由条目中的下一跳节点 $N(h_i + 2^{k-1})$ 满足

$$N(h_i + 2^{k-1}) \in N^{(i)} \tag{3-6}$$

$$\begin{aligned}&\text{Cost}_{\min}(i, N(h_i + 2^{k-1})) + \text{Cost}_{\min}(N(h_i + 2^{k-1}), \text{Locator}(h_i + 2^{k-1})) \leqslant \\&\text{Cost}_{\min}(i, j) + \text{Cost}_{\min}(j, \text{Locator}(h_i + 2^{k-1}))\end{aligned} \tag{3-7}$$

其中，$j \in \text{Circle}$ 且 $j \neq i$，$\text{Cost}_{\min}(i, j)$ 是基于某种路由度量策略生成节点 i 到节点 j 的最小路由代价。下一跳节点 $N(h_i + 2^{k-1})$ 的计算将通过迪杰斯特拉（Dijkstra）算法完成，此处不再详述。

（4）节点位置注册过程

在接入网中，当普通接入节点 x 接入网络后，首先需要完成与接入路由器 R 之间的邻居发现过程（邻居属性信息中包含了节点的类型，接入路由器 R 会识别节点 x），然后接入路由器 R 会将节点 x 的接入标识 N_x 及接入路由器自身的接入标识 N_r 注册到接入网内所有路由节点组成的哈希节点虚拟环上，这样目的为节点 x 的数据分组才能在接入网内路由转发给节点 x。节点 x 位置注册的伪码流程如图 3-8 所示。

```
// construct the relationship between the node x and the router R
info= <N_x, R>; // just for the router R

// compute the Hash of the aid of node x
h_x= Hash (N_x)

// find the next hop node according to the route i
Find_next_hop (h_x)
      for k = m down to 1
          if (h_i+2^(k−1) < h_x)
                return N (h_i+2^(k−1));
      return i;

// determine the next operation
if (i == N (h_i+2^(k−1)))
      Save (info);
      return;
else
      Forward (info, N (h_i+2^(k−1)));
```

图 3-8　接入网普通节点接入位置注册的伪码流程

在注册过程中，接入路由器 R 负责构建节点 x 的接入标识与接入路由器的位置对应关系 $\text{info} = <N_x, R>$，最终路由器节点 $\text{Locator}(h_x)$ 负责存储该信息，其他中间的路由器节点仅负责转发该消息。

（5）接入节点间数据分组转发过程

在接入网中，为了使所有的数据分组按照统一的哈希查找匹配方式进行路由，本书在数据分组格式中设计了目的路由器选项。目的路由器选项的设置使得数据分组在路由时可以使用一致性哈希路由查找过程，并将数据分组准确地发送到终端接入的路由器，并最终转发给目的终端节点。接入网内的路由器在接收到数据分组时，将首先检查数据分组是否包含目的路由器选项，如果是，该路由器将优先按照数据分组指示的目的路由器进行哈希路由，否则将按照数据分组中的目的进行哈希路由。

如图 3-9 所示，在接入网中，终端 x 要和终端 y 进行通信，两者之间的通信过程如下。假设终端 x 发送数据分组给终端 y，并且终端 x 的接入位置信息保存在路由器 R1，终端 y 的接入位置信息保存在路由器 R6，具体的数据分组转发过程为：① 路由器 R2 接收到终端 x 发往终端 y 的数据分组后，将按照数据分组指定的目的终端 y 进行哈希路由，即在路由器节点 R2 的哈希路由表中，找到可以匹配 $h_y = \text{Hash}(N_y)$ 的下一跳节点 R3；② 路由器 R3 收到该数据分组后，仍然按照数据分组指定的目的终端 y 进行哈希路由，找到下一跳路由器节点 R6；③ 路由器 R6

接收到数据分组后，根据哈希路由查找过程，得到下一跳节点为路由器 R6 自身，此时路由器 R6 将在存储的接入节点与接入位置对应列表中查找到终端 *y* 对应的接入路由器 R5，并将数据分组添加目的路由器（设置为 R5）选项，并以路由器 R5 为目的继续进行哈希路由，将该数据分组转发给路由器 R5；④ 路由器 R5 接收到数据分组后，发现目的路由器选项是自己，此时将数据分组去除目的路由器选项，并在自己的邻居列表中查找到终端 *y*，并将数据分组转发给终端 *y*，至此数据分组转发完成。如果终端 *y* 需要给终端 *x* 发送数据分组，数据分组转发过程类似，只是数据分组先根据目的终端 *x* 的接入标识哈希路由到路由器 R1，之后再添加目的路由器 R2 选项，并将数据分组转发到路由器 R2，并最终递交到终端 *x*。

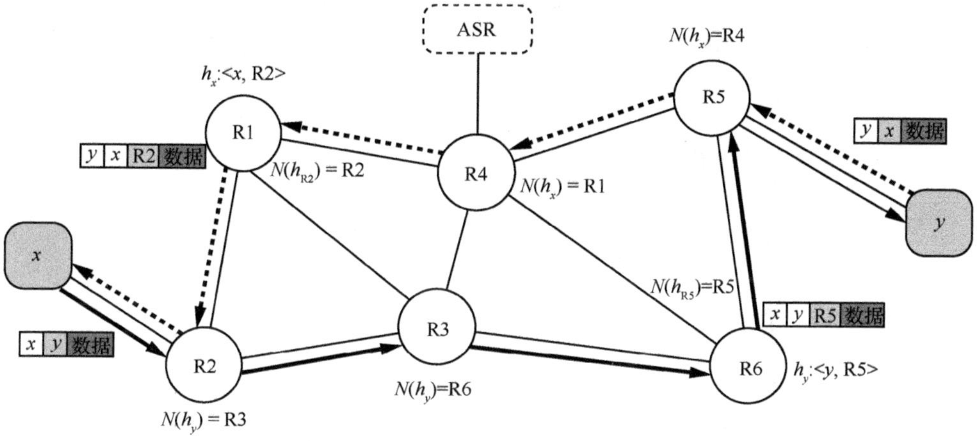

图 3-9 接入节点间数据分组转发过程示意

在实际的网络中，如果接入终端 *x* 通过接入网与外部网络终端（假设 *z*）通信，需要经过与接入网相连的 ASR，此时在接入网内部，终端 *x* 发送的数据分组，开始仍按照目的终端 *z* 的接入标识进行哈希路由，当到达相应的位置管理路由器后，由于找不到终端 *z* 的信息，此时该路由器将数据分组的目的路由器选项设为 ASR，并将数据分组最终转发给 ASR。ASR 收到数据分组后，将会检查自己的节点表及映射表信息等，最终决定数据分组的进一步处理。

由于数据分组在接入网内路由时，所有路由节点在匹配查询路由条目时，都是基于节点接入标识的一致性哈希值进行的，因此这种机制有效地解决了不同类型、不同长度的接入标识在接入网内的统一接入及扁平化路由问题；由于采用了分布式的存储方式，将接入节点与接入位置的对应关系分散存储在接入网内的路由器中，减轻了单台路由器存储所有接入节点信息的负担；基于节点接入标识和接入位置的存储以及依据节点接入标识哈希值进行数据分组的选路方式，也给节点在接入网内的移动提供了条件。

3.2.3 评估与分析

（1）存储开销

为了分析本节提出的接入子网路由机制的可行性，作者利用北京交通大学的网络拓扑以及网络地址规划进行了模拟，目前北京交通大学的网络拓扑共包含三层路由设备 42 台，网络空间地址 36 322 个，涉及无类别域间路由（Classless Inter-Domain Routing，CIDR）网段 20 个。通过对网络地址空间进行 MD-5 哈希，每个路由设备的接入节点与接入位置对应关系的存储条目数如图 3-10 所示。

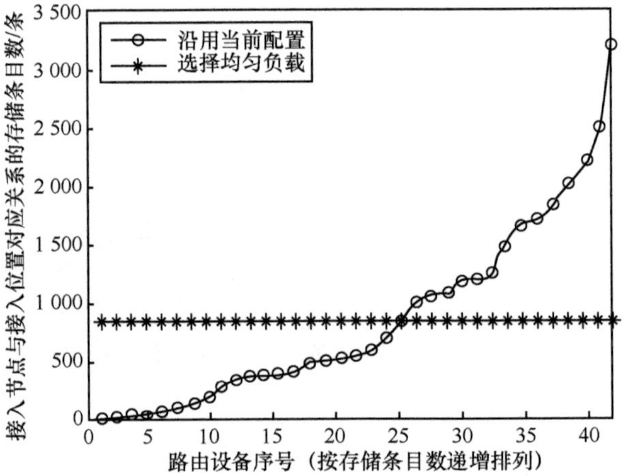

图 3-10　路由设备接入节点与接入位置对应关系的存储条目数

图 3-10 中的曲线显示，如果路由设备按照当前网络运行的参数配置哈希环，则每台路由设备的存储的接入节点与接入位置对应关系的条目差别将较大，存储数较小的路由设备只存储了 3 条，而最多的存储了 3 361 条。但是如果按照相应的哈希算法，将所有可支配的地址空间排列，找出等间距的哈希值对应的接入标识对路由器进行设置，则每个路由设备节点的存储负载将可趋于平衡。

按照学校的网络规模，假设每个存储条目占用的空间为 40 B，则在最坏的情况下，为了保存所有接入节点的接入信息，每台路由设备应具有的存储空间为 1.5 MB，在负载平衡的情况下，每台路由设备的存储开销将只有几十 KB 大小，这样，对于通常的网络设备来说，存储开销将不是问题。

（2）路由开销

数据分组在子网内路由的过程中，通常需要经历两段转发过程，一是数据分组从源节点发出到达存储目的节点位置管理路由器的阶段，二是数据分组从目的节点位置管理路由器被转发到目的节点接入路由器进而转交目的节点的过程。数据分组在接入网中由源节点转发到目的节点的整个转发过程的时延可表达为

$$T_{\text{delay}} = t_{\text{s}} + T_{\text{MR}} + T_{\text{LR}} + t_{\text{d}} \tag{3-8}$$

其中，t_{s} 表示数据分组由源节点转发到源接入路由器所花的时间；t_{d} 表示数据分组由目的节点接入路由器转发给目的节点所用的时间；T_{MR} 是源节点接入路由器将数据分组转发到目的接入位置管理路由器的时间，T_{LR} 指目的节点位置管理路由器将数据分组转发给目的节点接入路由器所花的时间。

由路由转发过程的相似性，有 $t_{\text{d}} \approx t_{\text{s}}$，$T_{\text{MR}} \approx T_{\text{LR}}$，又按照 Chord 算法的查找过程的逻辑跳数 $\text{Hop}_{\text{logic}} \leqslant \text{lb}\, N$（$N$ 为节点数目），因此有 $T_{\text{MR}} = t_{\text{h}} \times \text{stretch} \times \text{Hop}_{\text{logic}}$，其中伸缩因子 stretch 为逻辑跳数与网络实际物理跳数的比值，t_{h} 为数据分组在实际网络中一跳产生的时延。由式（3-8），可得

$$T_{\text{delay}} = 2t_{\text{h}}(1 + \text{stretch} \times \text{Hop}_{\text{logic}}) \leqslant 2t_{\text{h}}(1 + \text{stretch} \times \text{lb}\, N) \tag{3-9}$$

在学校由 42 个节点组成的网络连接拓扑（拓扑中两个核心节点互相备份连接，其余 40 个节点分别与核心的两个节点相连）上，假设在接入网内链路间的时延为 1 ms，在最大伸缩因子为 3 的情况下，由式（3-9）可知两点间的数据分组时延 T_{delay}<35 ms。该时延基本上不会影响正常业务的使用。

此外，由于在接入子网路由的机制中，对于一个任何接入终端，始终存在一个可以维护其接入标识与接入位置对应关系的管理路由器，从而使得无论节点在接入网内的任何位置接入，只要其接入路由器对其接入标识与接入位置的对应关系进行更新操作，其通信过程将不受影响，这就很好地解决了不同种类不同标识的终端在子网内移动时的路由问题。基于邻居发现过程，接入路由器可以迅速发现节点的存在，并更新移动终端节点在子网中的位置，从而实现子网路由对终端移动的支持。

3.3 身份与位置分离的标识映射机制

在传统互联网中，由于网络中的各个节点使用完全相同的地址标识协议，用户节点可以发起针对任何其他网络节点的数据分组，而且数据分组的内容对于网络来说没有限制，因此这种网络架构给处于网络中的各个节点带来了极大的安全威胁，使得传统网络不能保证持续、稳定、有效的工作。其次，由于在传统网络中的 IP 地址具有双重语义，即其既代表终端节点的身份，同时又携带终端节点的位置信息，因此潜伏于网络中的节点很容易跟踪、窃取目标节点的数据，这给网络节点及隐私信息安全带来了极大的隐患。此外，IP 地址的二义性，使得互联网难以遵循路由可扩展性 Rekhter 法则（地址按照拓扑进行分配，或者拓扑按照地址进行部署，二者必选其一），导致网络路由难以扩展，同时也给节点的移动带来了难以克服的障碍。在互联网中，数据分组的转发以 IP 标记终端的地址，而节点网络连接的建立同样以 IP 地址为标志，因此当节点的位置发生变化后，如果不改变地址将导致发往该节点的数据分组无法到达，如果改变地址将造成已建立的连接无法识别而断开，二者之间的矛盾不可调和，从而无法支持节点的移动。

为此，众多身份与位置分离的解决方案被提出，如定位编号分离协议（Locator ID Separation Protocol，LISP）[26]、SHIM6[27]、HRA[28]、Hidra[29]、SILMS[30]、DHT-MAP[31]、4I[32]等。考虑到现有网络在体系架构方面的缺陷，本书在设计标识网络体系架构时，将其划分为接入网与核心网。在接入网与核心网中使用不同空间的网络标识进行通信，双方之间通过一个网络标识映射系统进行桥接，这一设计就使得接入网与核心网彻底分离。由于接入网用户与核心网设备无法进行直接的数据交互，核心网设备可以免于接入网用户有针对性的攻击，这种网络体系架构就极大地提高了核心网的安全性。接入网与核心网的分离以及异种网络标识映射体制的引入，也将节点的身份信息与位置信息分离并加以保护。在核心网中，很难获取数据分组的源节点和目的节点的身份，而在接入网中很难获悉通信对端所处的位置，基本上解除了由于 IP 语义双重性带来的网络安全威胁。身份信息与位置信息的分离一并解决了核心网路由规模的可扩展性问题以及节点移动的问题，为建立可信路由架构提供了基础。

标识网络采用了不同的网络标识分别代表主机的身份信息和位置信息，在接入网使用终端节点的接入标识表示终端节点的身份，在核心网使用路由标识表示终端节点的位置信息。标识网络将网络标识空间划分为接入网和核心网两个不同的标识空间，两个标识空间可分别采用不同的路由方式，并形成相对独立的路由空间，两个标识（路由）空间之间通过标识映射的方法完成寻址和选路。

在标识网络中，核心网将控制层面的功能与数据层面的功能进行了分离处理，接入认证、映射信息、路由信息等功能由控制层面来完成，而用户数据的转发等功能由数据层面完成。

图 3-11 所示为标识网络的网络拓扑示意。在图 3-11 中，接入网包含了采用各种不同接入技术以及不同类型、不同标识长度等的终端和子网等；核心网分为管控层面和转发层面，转发层面由核心网中的广义交换路由器组成，管控层面包括标识映射系统、路由管控系统以及安全认证系统。其中，标识映射系统负责维护各个接入网中接入核心网络的各种终端的接入标识与路由标识的映射信息，安全认证系统记录和维护所有注册的终端的认证信息，并可通过 3.1 节所述网络接入控制协议完成接入节点的认证过程。

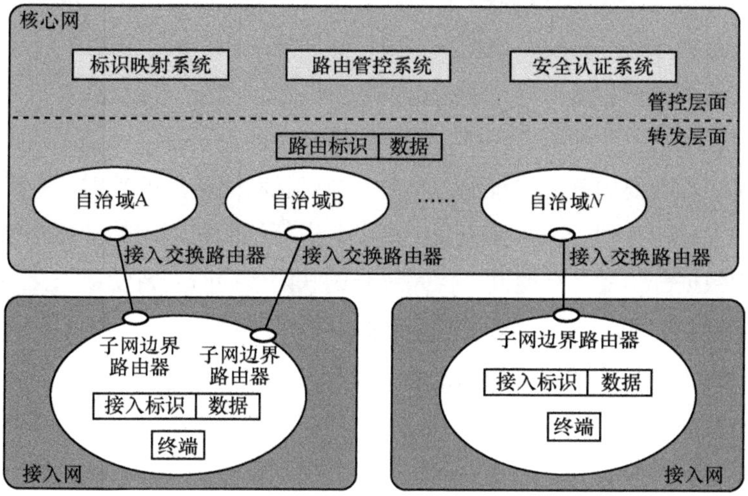

图 3-11　标识网络的网络拓扑示意

接入标识和路由标识的映射过程在宏观上完成了接入网与核心网的分离，从而为解决网络可扩展性、安全性以及节点移动性支持提供了前提。但是真正达到这些目的，还需要考虑以下问题。

（1）路由标识的管理

在标识网络的设计中，路由标识是数据分组在核心网转发最重要的网络资源，没有路由标识，数据分组在核心网的转发将无从谈起。为了能够提供转发功能，接入交换路由器需要配置必要的路由标识，路由标识的分配管理仍将是困扰核心网路由扩展的主要问题。按照当前的路由机制，对路由标识的不合理的规划和使用仍会造成核心网路由条目的扩张问题。因此在标识网络中，为了避免核心路由的无序使用，在核心网中需要设置路由标识管理服务器，一方面对核心网络的转发资源进行调度，另一方面也可及时更新、合并或重新分配接入交换路由器所使用的路由标识，从而达到使核心网路由规模尽可能小的目的。

此外，为了达到接入标识到路由标识映射过程中复杂映射一对多、多对一以及多对多方式使用的目的，不同的路由标识在转发过程中需要设置不同的权限、优先级、权重等。对于不同的路由标识还可以采取不同的算法，从而使得不同的路由标识对应不同的物理路径。

（2）映射缓存的设置

在接入标识与路由标识的映射过程中，接入交换路由器负责完成接入终端接入标识对应的路由标识的分配、维护和管理，并向接入标识映射服务器注册，同时，远端终端的接入标识和路由标识的映射关系可以通过向接入标识映射服务器查询获得。但是为了网络资源的有效利用，接入交换路由器需要将最近使用的映射关系进行缓存，避免不必要的分配或查询，同时又要对长时间不用的映射关系进行清除。映射缓存的设置将有利于减小接入交换路由器进行注册和查询的带宽开销，并减小映射队列中数据分组的等待时间。但是过长的映射缓冲时间将使接入交换路由器付出较大的存储空间的代价并可能影响映射关系的准确性。

因此，标识网络的接入交换路由器需要在网络开销、存储空间、缓存时间以及映射正确性方面进行折中。

（3）节点移动性支持

根据接入标识与路由标识映射的原理，当接入节点的接入位置发生改变后，接入节点将会在新的接入交换路由器处获取新的映射关系，而此时与该节点进行通信的对端节点所处的接入交换路由器由于不能及时感知节点接入位置的变化（即节点接入标识与路由标识映射关系的变化），会将数据分组按照原来的映射关系进行映射转发，为了尽可能不造成数据分组的丢失，节点原来的接入交换路由器需要获知节点新的映射关系，这一过程通过接入标识映射服务器的参与完成，即当节点在新的接入交换路由器接入后，注册新的映射关系的时候，映射服务器会向节点原来的接入交换路由器要求进行更新。同时为了防止节点在多个接入路由器间连续快速切换，节点原来的接入交换路由器在更新该节点新的映射关系的同时，仍需对节点旧的映射关系进行延时缓存。同时，为了避免冗余的路由过程，还需考虑对端接入交换路由器的更新，此处不再讲述。

对接入标识映射系统来说，节点的移动支持是个复杂的过程，需要对缓存机制进行细节的考究，尤其是对节点旧的映射关系的缓存、更新机制以及缓存时间的设置，关系到节点移动支持功能是否能够真正有效地实现。

参考文献

[1] TCPDUMP/LIBPCAP public repository[EB].

[2] Wireshark[EB].

[3] BISHOP M A. The art and science of computer security[M]. Boston: Addison-Wesley Longman Publishing Co., Inc., 2002.

[4] FERGUSON P, SENIE D. Network ingress filtering: Defeating denial of service attacks that employ IP source address spoofing[R]. RFC 2827, 2000.

[5] BAKER F, SAVOLA P. Ingress filtering for multihomed networks[R]. BCP 84, RFC 3704, 2004.

[6] KENT S, ATKINSON R. Security architecture for the internet protocol[R]. RFC 2401, 1998.

[7] KENT S, ATKINSON R. IP authentication header[R]. RFC 2402, 1998.

[8] KENT S, ATKINSON R. IP encapsulating security payload (ESP)[R]. RFC 2406, 1998.

[9] YANG J, LI N, DING J. A design and implementation of high-speed 3DES algorithm system[C]//Proceedings of the International Conference on Future Information Technology & Management Engineering. Piscataway: IEEE Press, 2009: 175-178.

[10] SANDHU R, SAMARATI P. Authentication, access control, and audit[J]. ACM Computing Surveys (CSUR), 1996, 28(1): 241-243.

[11] SANDHU R S, COYNE E J, FEINSTEIN H L, et al. Role-based access control models[J]. Computer, 1996, 29(2): 38-47.

[12] FERRAIOLO D F, SANDHU R, GAVRILA S, et al. Proposed NIST standard for role-based access control[J]. ACM Transactions on Information and System Security (TISSEC), 2001, 4(3): 224-274.

[13] STREMBECK M, NEUMANN G. An integrated approach to engineer and enforce context constraints in RBAC environments[J]. ACM Transactions on Information and System Security (TISSEC), 2004, 7(3): 392-427.

[14] MCDANIEL P. On context in authorization policy[C]//Proceedings of the Eighth ACM Symposium on Access Control Models and Technologies. New York: ACM, 2003: 80-89.

[15] WANG H, ZHANG H, CHANG C Y, et al. A universal access control method based on host identifiers for future Internet[J]. Computers & Mathematics with Applications, 2010, 60(2): 176-186.
[16] CLARK D D. Requirements for a future internet security as a case study[R]. Massachusetts: MIT Computer Science and Artificial Intelligence Laboratory, 2005.
[17] MOSKOWITZ R, NIKANDER P, JOKELA P. Host identity protocol (HIP) architecture[R]. RFC 4423, 2006.
[18] MOSKOWITZ R, NIKANDER P, JOKELA P, et al. Host identity protocol[R]. RFC 5201, 2008.
[19] MATSUNAGA Y, MERINO A S, SUZUKI T, et al. Secure authentication system for public WLAN roaming[C]//Proceedings of the 1st ACM International Workshop on Wireless Mobile Applications and Services on WLAN Hotspots. New York: ACM, 2003: 113-121.
[20] MALKIN G. RIP version 2[R]. STD 56, RFC 2453, 1998.
[21] MOY J. OSPF version 2[R]. RFC 2328, 1998.
[22] CAESAR M, CONDIE T, KANNAN J, et al. ROFL: Routing on flat labels[J]. ACM Sigcomm Computer Communication Review, 2006, 36(4): 363-374.
[23] KIM C, CAESAR M, REXFORD J. Floodless in SEATTLE: A scalable ethernet architecture for large enterprises[J]. ACM Sigcomm Computer Communication Review, 2008, 38(4): 3-14.
[24] YU S U, YUGUI Q U, LIN Z. HMAC: An energy efficient MAC protocol for wireless sensor networks[J]. Journal of University of Science & Technology of China, 2010, 10(1): 1-10.
[25] 戴彬, 王芙蓉, 刘见. 一种基于邻居路由表的 Chord 改进算法[J]. 华中科技大学学报：自然科学版, 2009, (2): 49-52.
[26] FARINACCI D, FULLER V, ORAN D, et al. Locator/ID separation protocol (LISP)[R]. IETF Internet Draft, draft-ietf-lisp-22, 2012.
[27] NORDMARK E, BAGNULO M. Shim6: Level 3 multihoming shim protocol for IPv6[R]. RFC 5533, 2009.
[28] XU X, GUO D. Hierarchical routing architecture (HRA)[C]//2008 Next Generation Internet Networks. Piscataway: IEEE Press, 2008: 92-99.
[29] WANG N, MA H L, CHENG D N, et al. Hidra: A hierarchical inter-domain routing architecture[J]. Chinese Journal of Computers, 2009, 32(3): 377-390.
[30] HOU J, LIU Y, GONG Z. Silms: A scalable and secure identifier-to-locator mapping service system design for future internet[C]//2009 Second International Workshop on Computer Science and Engineering. Piscataway: IEEE Press, 2009, 2: 54-58.
[31] LUO H, QIN Y, ZHANG H. A DHT-based identifier-to-locator mapping approach for a scalable Internet[J]. IEEE Transactions on Parallel and Distributed Systems, 2009, 20(12): 1790-1802.
[32] LUO H, WANG H, ZHANG H, et al. 4I: A secure and scalable routing architecture for future Internet[R]. Beijing: Beijing Jiaotong University, 2009.

第4章 标识网络中的可扩展路由机制

本章主要分析标识网络中的路由可扩展问题。介绍路由可扩展问题的研究背景和研究现状，提出一种基于标识映射的可扩展路由体系，设计该体系的架构，详细阐述其工作机制；利用现有互联网的实际数据进行性能分析，证明该机制能够较为有效地解决路由可扩展问题。

4.1 路由可扩展问题分析

互联网的路由可扩展性主要体现在路由信息库（Routing Information Base，RIB）大小、转发信息库（Forwarding Information Base，FIB）大小、重新计算 FIB 所带来的消耗、RIB 和 FIB 膨胀所导致的硬件资源消耗和能源消耗等方面。其中，RIB 是路由器的控制核心，存放着来自各种路由协议（如 RIP、OSPF、中间系统到中间系统（Intermediate System-to-Intermediate System，IS-IS）[1-2]、边界网关协议（Border Gateway Protocol，BGP）[3-4]等）的路由信息。在高端路由器中，RIB 通常不被直接用来指导数据的转发，而是用来产生 FIB。FIB 中存放着从 RIB 中选择出来的最佳路由以及附加的相关转发信息，如下一跳地址、出接口信息等。路由器通过查找 FIB 来实现对数据分组的转发。由于 FIB 直接关系到路由器的转发效率，为了实现较高的查找效率以进行数据分组的快速转发，近年来通常采用三态内容可寻址存储器（Ternary Content Addressable Memory，TCAM）[5]来进行存储。TCAM 虽然具有查找速度快、可扩展等特性，但是价格较为昂贵且存储容量有限，对大容量表项的支持有一定困难。

绝大多数的路由可扩展性问题都与 RIB 和 FIB 中存储的路由前缀数量有关，衡量整个互联网路由可扩展性的最重要的指标是全局路由表的规模（对应于 FIB 中的路由前缀数量）。调查显示，在过去几年里 BGP 全局路由表的规模一直在以超过线性比率的速度增长。

BGP 全局路由表中路由前缀数量的加速增长，给互联网的全局路由系统带来了很多问题，其中最核心的两个问题如下。① 网络前缀数量的增长直接导致 RIB 和 FIB 占用内存的增加，如果路由器采用 IPv4 和 IPv6 双协议栈，加上 IPv6 的路由，内存占用问题将更加严重。② 路由前缀数量的增长会产生大量额外的路由更新报文。一方面，处理这些报文给路由器带来沉重的负担；另一方面，这些报文还将互联网边缘用户网络的拓扑不稳定传播到了核心网，从而给核心网带来不必要的影响。

更为糟糕的是，因特网体系结构委员会（Internet Architecture Board，IAB）的"路由与地址工作组会议"[6]发现，在考虑生产成本的情况下，摩尔定律并不适用于高性能核心路由器，这将使得核心路由器的升级速度无法满足路由前缀条目的快速增长。

在互联网发展的现有阶段，IPv4 地址空间的局限性决定了全局路由表条目数量不会毫无限制地增长。但是，一旦 IPv6 网络大规模部署，IPv4 地址空间的局限性将不再存在，如果届时还没有采取有效的措施来解决互联网路由可扩展问题，全局路由表的膨胀将急剧恶化。所以，非常有必要在未来几年中提出和采纳能够有效解决互联网路由可扩展性问题的措施。

下面对传统互联网中路由可扩展问题的产生原因进行深入分析。

关于路由系统的可扩展性存在一个基本假定：地址按照拓扑进行分配，或者拓扑按照地址进行部署，二者必选其一。这个假定由 Yakov Rekhter 提出，通常被称为 Rekhter 法则（Rekhter's Law）。

在传统互联网中，为了保证路由系统的可扩展性，拓扑相邻的网络尽量被分配连续的 IP 地址空间（IP 网络前缀）。比较常用的方法是：首先将连续的 IP 地址空间分配给互联网服务提供商（ISP），再由 ISP 将该地址空间中的一部分分配给他们的用户网络。这样，IP 地址空间的聚合就使某个局部网络外的其他网络仅需记录到达该局部网络的一个路由条目。早在 IP 协议的开发阶段[7]，这种基于网络拓扑的层次性来分配 IP 地址空间的方法就被提出并进行了分析。从互联网诞生至今，这种基于网络拓扑的层次性进行 IP 地址空间分配的方法，几乎是解决互联网路由可扩展问题的唯一途径[8]。

虽然人们很早就认识到单纯依靠网络拓扑和 IP 地址的层次性耦合很难完全解

决互联网路由可扩展问题，但在互联网的部署初期网络拓扑以“固定、有线”的连接方式为主，基于网络拓扑的层次进行IP地址空间分配的原则能够被较好地遵循，路由可扩展问题所引起的弊端很不明显，因此并没有提出和采纳更好的路由可扩展问题的解决方案。

随着互联网规模的迅速扩大和网络技术的不断革新，移动用户和多家乡用户持续增长，流量工程和策略路由被大量采用，基于网络拓扑的层次性进行IP地址分配的方法难以再被严格遵循，互联网的路由可扩展性问题日益凸显。IAB的“路由与地址工作组会议”认为引起全局路由表条目快速增长的几种主要因素为：多家乡、流量工程、无法聚合的地址块（主要由历史上不合理的地址分配所导致）、商业因素（如企业合并和收购等）。

多家乡通常指终端或子网同时通过多个ISP接入互联网[9]。采用多家乡技术的网络既可以使用与提供商无关（Provider Independent，PI）的地址空间，也可以使用提供商分配（Provider Allocated，PA）的地址空间[10]。为了享受多家乡技术带来的好处，使用PI地址空间的多家乡网络必须在它接入的所有ISP的网络中通告自己的IP地址前缀，以便其他网络建立到达自己的路由。由于PI地址前缀无法和ISP网络的前缀进行聚合，在ISP网络中通告PI地址前缀将导致BGP全局路由表条目增长。使用PA地址空间的多家乡网络从它的ISP网络分配获得地址前缀，为了享受多家乡带来的好处，多家乡网络从某一个ISP网络分配获得的地址前缀需要在它所接入的其他ISP网络中进行通告。由于从一个ISP网络分配获得的PA地址前缀无法在其他ISP网络中进行聚合，最终BGP全局路由表条目也会增长。

流量工程指动态调节互联网的某些流量，使这些流量通过或避免通过特定的路径进行传输。采用流量工程可以为流量选择满足特定参数（如带宽、时延、花费等）的路径，或者为流量配置特定的路径策略（如避免通过某个ISP的网络）。在实现流量工程的过程中，如果针对的流量所使用的IP地址前缀已经和其他IP地址前缀在路由表中聚合，那么就必须将这些特定流量所使用的IP地址前缀从已经聚合的路由条目中分离出来，形成独立的路由条目。这样才能够使特定流量沿着特定路径进行传输。虽然流量工程能够满足一些特殊的网络需求，但是可聚合地址前缀的拆分导致了BGP全局路由表规模的增长，进而对整个互联网的路由系统造成更大的压力。

上述的几种因素导致了可聚合的 IP 地址前缀被分解成多个无法聚合的 IP 地址前缀，或者直接将无法聚合的 IP 地址前缀注入互联网全局路由表。由于 IP 地址前缀的聚合是控制现有互联网全局路由表条目快速增长的唯一途径，无法聚合的 IP 地址前缀的注入以及可聚合 IP 地址前缀的拆分都会导致难以控制的全局路由表规模的增长。

从更深层次考虑，互联网的路由可扩展问题主要由互联网的原始设计缺陷所导致。

（1）IP 地址在语义学上具有身份和位置双重属性

IP 地址的双重属性导致传统互联网难以遵循 Rekhter 法则。IP 地址的身份属性要求 IP 地址基于终端所属的组织机构（而不是网络拓扑）进行分配，而且这种分配要保持一定的稳定性，不能经常改变；而 IP 地址的位置属性要求 IP 地址基于网络拓扑进行分配，以保证路由系统的可扩展性。当移动用户和多家乡用户大量出现，流量工程和策略路由被大量采用时，源自于 IP 地址双重属性的内在矛盾最终变得难以调和。IP 地址的双重属性是导致目前互联网路由可扩展性问题的主要原因之一，严重影响着互联网全局路由系统的可扩展性。

（2）边缘用户网络的各种动态行为能够直接影响到互联网全局路由系统

互联网的使用者按角色可以划分为 3 类：终端用户、用户网络和 ISP 网络。终端用户希望获得有效、可靠的互联网服务；用户网络为终端用户提供网络接入，并为网络内的终端用户提供路由和数据转发业务；ISP 网络连接不同的用户网络，并为用户网络提供全球性的互联网连通服务。由于与终端用户有直接的利益关系，用户网络的运营者通常会尽量满足终端用户的各种需求。由于在某些情况下能否满足终端用户的需求取决于 ISP 网络能否提供相应的服务，所以用户网络希望能够根据用户的需求来动态选择 ISP，或者采用多家乡、流量工程等方式同时从多个 ISP 处获得互联网连接服务。

然而，由于目前互联网采用了扁平的网络结构，位于互联网边缘的用户网络的任何动态行为（如改变 ISP、多家乡、流量工程等），都能够直接影响到 ISP 管理的全局路由系统的稳定性。通常来说，ISP 网络相对稳定，边缘网络的动态变化才是造成互联网全局路由系统不稳定的主要原因。但是现有互联网络扁平的路由架构从先天上无法避免用户网络的动态变化传导至全局路由系统，这导致随着互联网规模的不断扩大和边缘用户网络动态行为的不断增多，互联网全局路由系统的可扩展性问题日趋严峻。

为了解决日趋严重的互联网路由可扩展性问题，IAB 于 2006 年 10 月在荷兰举办了首次“路由与地址工作组会议”。会议的主要内容是讨论并确定造成互联网路由可扩展性问题的主要因素，形成清晰的描述互联网路由可扩展问题的文档，以利于其他研究人员进一步开展相应的研究工作。“路由与地址工作组会议”最终形成了一个研究报告，报告分析了导致全局路由表规模快速增长的几个重要原因、阻碍路由器技术快速发展的约束条件以及互联网地址结构中存在的局限性。该报告（RFC 4984）已于 2007 年 9 月正式成为征求意见稿（Request for Comments，RFC）标准。

目前，因特网研究任务组（IRTF）成立了路由研究工作组（RRG），主要进行互联网路由可扩展问题的研究。目前 RRG 的提案包括 AIRA[11]、APT[12]、LISP、Ivip[13]、Six/One[14-16]和 TRRP[17-18]等。

AIRA 首先讨论了现有互联网域间路由体系结构所遵守的一些隐含的设计原则，然后提出了一些新的设计原则以保证域间路由体系结构的可扩展性。AIRA 提出的新设计原则包括身份标识与位置标识分离、位置标识自动分配、去除域间路由系统中的自治系统（Autonomous System，AS）信息等。AIRA 仅仅提出了一些设计原则，并不是一个具体的解决方案。

APT 是 eFIT（Enabling Future Internet Innovations Through Transit Wire）项目的一个组成部分。eFIT 将 IP 地址划分为两部分，一部分为全局路由地址（Globally Routable Address，GRA），另一部分为全局转交地址（Globally Deliverable Address，GDA）。eFIT 同时将整个互联网络划分为两个部分：全局转接网络（Global Transit Network）和用户网络。GRA 在全局转接网络中使用，GDA 在用户网络中使用。转接网络为用户网络建立隧道以进行用户数据的传输。APT 是 eFIT 中维护 GRA 和 GDA 之间的映射信息的机制。

Six/One 没有对 IP 地址空间进行重新划分，边缘网络仍然使用 PA 地址空间。对于主机使用的 IP 地址，Six/One 做了一些使用方法上的规定：主机所有接口的 IP 地址仅仅高位不同，低位全部相同。主机所在的用户网络或 ISP 网络可以在数据分组的路由过程中对主机 IP 地址的高位进行替换，以保证互联网全局路由系统的可扩展性。

TRRP 中每个 AS 都要配置一个或多个入口转接路由器（Ingress Transit Router,

ITR）。一个 AS 内部的默认路由指向入口转接路由器，由入口转接路由器负责通过，域名系统（Domain Name System，DNS）寻找出口隧道路由器（Egress Tunnel Router，ETR）。入口转接路由器负责将数据通过隧道转发给最佳的出口隧道路由器。出口隧道路由器负责根据数据分组的目的地址完成数据分组到目的主机的转发。TRRP 的路由可扩展性依赖于 DNS 的可扩展性。由于 DNS 是分布式的系统，可扩展性较好，因此 TRRP 能够改善互联网路由系统的可扩展性。

RRG 中的各种技术方案目前还停留在讨论阶段，尚缺少试验或仿真的支持，并且它们还都存在一些不足之处。eFIT、LISP、Ivip 和 TRRP 都采用了隧道的方式来转发用户数据，这就要给每个数据报文封装一个新的数据报头，而这会给互联网带来额外的数据流量；封装的方式还有可能导致数据报文的重新分片，在实际应用中必须要考虑如何解决。eFIT 的 GDA 中包括终端所在子网的位置信息，相当于将主机的拓扑位置信息暴露给了通信对端和恶意第三方。Six/One 中边缘网络使用 PA 地址空间，使得所有的网络在更换 ISP 时必须更换自己使用的 IP 地址空间，这对于边缘用户网络来说是难以接受的。TRRP 依赖于 DNS，因此要对 DNS 进行改造后才能应用，这是一件很复杂的工作。此外，所有这些方案都没有考虑对移动性的支持。

本章提出的可扩展路由机制采用标识映射的方式转发数据分组，边缘用户网络中使用接入标识代表终端的身份信息，不包含任何拓扑位置信息，防止了用户位置信息的泄露。接入标识可以从 PI 标识空间中划分，使用 PI 标识空间的边缘用户网络在改变 ISP 时不必更换接入标识，减少了用户网络更换 ISP 产生的代价。

除了 RRG 所提出的方案外，其余的解决方案还有 NIRA[19]、HLP[20]、ROFL[21]等。

NIRA 为主机提供了一种通过不同地址选择不同路由路径的机制。NIRA 采用了严格的分等级地址分配策略，地址分配的根是核心 AS（Core AS）。主机或 AS 从每个它所接入的上层 AS 中获得一个在该上层 AS 中可以聚合的地址前缀。终端通过在数据分组采用中不同的源 IP 地址和目的 IP 地址组合，可以选择通过不同的路径来转发数据。通过严格的分等级地址分配策略，NIRA 可以改善路由的可扩展性问题。不过，这种严格的分等级地址分配策略在实际应用中不易实现。

HLP 是作为 BGP 的替代协议提出的一种路由协议。HLP 同时采用了链路状态和路径向量两种方式，是一种混合式分等级的路由协议。不同于 BGP 使用地址前缀进行域间路由，HLP 使用 AS 号进行域间路由。因为互联网中 AS 的数量要远远小于地址前缀的数量，因此 HLP 可以在一定程度上解决路由可扩展问题。

ROFL 是一种完全基于平面标签进行路由的体系结构。在 ROFL 中，网络层不再存在位置信息，所有的节点都采用平面的标签来表示它的身份。ROFL 利用平面标签来建立平面路由。ROFL 是一种新颖的路由方式，其有效性和实用性还有待进一步研究和验证。

4.2 可扩展路由体系架构设计

4.2.1 接入标识及用户网络的构思与设计

表 4-1 分析了平面和分层结构的接入标识的优缺点。

考虑到与现有互联网 IPv4 和 IPv6 具有良好的兼容性，以及用户网络路由表及<接入标识，路由标识>映射条目的聚合性，可以采用长度为 32 位或 128 位分层结构的接入标识。每个用户网络被分配一段前缀连续的接入标识。每个用户从其用户网络获得一个或多个全局唯一的接入标识。接入标识可以从 PI 标识空间或 PA 标识空间中分配。此时的接入标识可以采用 IPv4 或 IPv6 地址，即 IPv4/IPv6 地址可以看作接入标识的一种实现形式。已经用作接入标识的 IPv4/IPv6 地址不能再被用作路由标识。

表 4-1　平面和分层结构的接入标识的优缺点

	接入标识为平面结构	接入标识为分层结构
优点	不用按用户网络的拓扑分配接入标识，所以接入标识更容易分配； 更容易采用公私钥算法中公钥的哈希值作为接入标识，从而使得接入标识具有自验证能力	接入标识可以按照前缀聚合，从而有效减小用户网络中的路由表规模； <接入标识，路由标识>映射条目可以以前缀映射的形式表示，从而减小映射表的规模； 比较容易与 IPv4、IPv6 兼容
缺点	用户网络路由表条目较多； 映射表条目难以聚合； 与 IPv4、IPv6 兼容性不好	为了更好聚合，必须按照用户网络的拓扑分配接入标识； 难以采用公私钥算法构造接入标识

IP 地址作为接入标识时，需要对某些字段的使用方式进行重新解释，以满足接入标识的需求。需要注意的是，只有标识网络中的关键节点（如核心网接入路由器

和映射服务器）才能感知和处理那些需要重新解释的字段。终端和其他路由节点不需感知这些特殊字段，仍然将接入标识当作普通的 IP 地址来正常使用。

目前定义的特殊字段包括标识属性和移动属性。标识属性用于区分接入标识和路由标识。定义标识属性的目的是方便核心网接入路由器对数据分组进行合法性检测，以更好地保证网络的安全性。移动属性用于区分移动型终端和非移动型终端。定义移动属性字段的目的是减少映射服务器之间的消息交互，并更好地支持移动性。

对于 128 bit 的接入标识来说，标识属性和移动属性可以各自使用 IPv6 地址保留字段中的一位来作为标志位。对于 32 bit 的接入标识来说，为了避免和单播、多播 IPv4 地址等定义产生冲突，标识属性和移动属性可以各自从 IPv4 地址第一个字节之外的位置中选取一位来作为标志位。

虽然接入标识可以采用可聚合的分层结构表示，但是用户网络与传统互联网的路由方式还是存在着显著的区别：由于接入标识代表节点的身份信息，在终端移动的过程中是始终保持不变的，所以一旦终端用户离开它在用户网络中的初始位置，那么它的路由条目将无法在用户网络中聚合，这时用户网络必须为其维护单独的路由条目。但是，无论用户网络的路由发生什么样的变化，都不会影响核心网络中全局路由系统的稳定性。

4.2.2　路由标识及核心网络的构思与设计

考虑到与现有互联网 IPv4 和 IPv6 的兼容性，核心网采用长度为 32 bit 或 128 bit 的路由标识。为了保证核心网络全局路由表的聚合性，路由标识采用分层结构且从 PA 地址空间中分配。此时的路由标识可以采用 IPv4 或 IPv6 地址，即 IPv4/IPv6 地址可以看作路由标识的一种实现形式。已经用作路由标识的 IPv4/IPv6 地址不能再被用作接入标识。

虽然标识网的核心网络的路由方式与现有网络的路由方式类似，但是标识网的核心网络中引入了 3 个关键的功能实体：映射服务器、认证服务器和核心网接入路由器。

映射服务器主要用来完成<接入标识，路由标识>映射信息的管理和维护工作。映射服务器的详细设计原理和工作机制将在第 5 章进行论述。

认证服务器记录接入标识的认证信息。用户网络中的节点接入核心网络时，必须首先通过认证，然后核心网接入路由器才会为其分配映射信息。用户的接入认证过程在本书第 3 章已经做了介绍，此处不再赘述。

核心网接入路由器是用户网络与核心网络的连接点，承载着接入标识与路由标识分离映射的重任，在标识网络中起着非常重要的作用。核心网接入路由器是第 2 章中提到的接入交换路由器的一种具体类型。

核心网接入路由器有两种类型的接口：用户网络接口（Customer Network Interface）和核心网络接口（Core Network Interface）。用户网络接口是面向用户网络的接口，为各种用户网络提供接入功能。核心网络接口是面向核心网络的接口，用于连接其他核心网络节点，如映射服务器、认证服务器、核心路由器或其他核心网接入路由器。为了与用户网络进行通信，核心网接入路由器的用户网络接口上配置接入标识，这也是核心网络中唯一可以配置接入标识的设备接口。核心网接入路由器的核心网络接口上配置路由标识，用于与核心网络中的其他节点进行通信。

核心网接入路由器维护着<接入标识，路由标识>映射信息缓存。映射信息缓存分为本地用户映射信息缓存和通信对端映射信息缓存。本地用户映射信息缓存维护当前在本地接入并且已经通过了认证的用户的<接入标识，路由标识>映射信息，所维护的映射信息长时间有效，仅当用户离开或断开网络时才会被删除，每个核心网接入路由器的本地用户映射信息缓存都可以看作是标识网络映射信息数据库的一个组成部分；通信对端映射信息缓存维护最近一段时间内与本地用户通信的通信对端的<接入标识，路由标识>映射信息，所维护映射信息的有效时间较短，当一个映射条目超过一段时间未使用时就被删除。

数据分组的处理和转发是核心网接入路由器的重要功能。首先要对数据分组进行分类，然后对不同类型的数据分组进行相应的处理。数据分组分类的 3 个关键属性是：数据分组的接收接口属性、数据分组的源标识属性、数据分组的目的标识属性。根据数据分组分类处理的需要，接收接口属性有两种：用户网络接口、核心网络接口。源标识属性和目的标识属性各有 4 种：本地接入终端的接入标识（Local AID）、通信对端的接入标识（Corresponding AID）、核心网络为本地接入终端分配的路由标识（Local RID）、核心网络为通信对端分配的路由标识（Corresponding RID）。数据分组的源标识属性和目的标识属性在正常情况下是数据分组的发送者赋予数据分组的属性，但是有可能被网络的攻击者利用（隐蔽自己身份进行攻击），所以必须与接收接口属性联合进行合法性检查。在本地用户映射信息缓存中可以查找到的接入标识或路由标识被判断为已分配给本地接入终端的接入标识或路由标识；在通信对端映射信息缓存中可以查找到的接入标识或路由标识被判断为已分配给通信对端的接入标识或路由标识。

根据 3 个关键属性进行组合就可以进行数据分组的合法性检查见表 4-2。通过合法性检查后才可以对数据分组进行标识映射、转发等后续操作。表 4-2 给出了所有的组合，“*”表示取任意值。

在合法性检查中，首先需要满足的原则是：用户网络接口收到的数据分组的源标识和目的标识都应该是接入标识；核心网络接口收到的数据分组的源标识和目的标识都应该是路由标识。这是对用户网络与核心网络的严格分离，用户网络中的节点仅被允许发送源和目的均为接入标识的数据分组。核心网络中的节点（核心网接入路由器除外）仅被允许发送源和目的均为路由标识的数据分组。所以在表 4-2 中，组合序号 3、4、6、7、8、9、11、12 都是非法的。这些数据分组都将被认为是欺诈或恶意攻击，直接丢弃。

表 4-2　接收接口属性、源标识属性、目的标识属性组合判断表

组合序号	接收接口属性	源标识属性	目的标识属性	合法性
1	用户网络接口	Local AID	Local AID	合法
2	用户网络接口	Local AID	Corresponding AID	合法
3	用户网络接口	Local AID	Local RID	非法
4	用户网络接口	Local AID	Corresponding RID	非法
5	用户网络接口	Corresponding AID	*	非法
6	用户网络接口	Local RID	*	非法
7	用户网络接口	Corresponding RID	*	非法
8	核心网络接口	Local AID	*	非法
9	核心网络接口	Corresponding AID	*	非法
10	核心网络接口	Local RID	*	非法
11	核心网络接口	Corresponding RID	Local AID	非法
12	核心网络接口	Corresponding RID	Corresponding AID	非法
13	核心网络接口	Corresponding RID	Local RID	合法
14	核心网络接口	Corresponding RID	Corresponding RID	合法

组合序号 5 对应的情况是：一个终端曾经在非本地的用户网络中接入、通过认证并与本地用户网络中的终端进行了通信，所以其接入标识在通信对端映射信息缓

存中可以查找到。但是，其移动到本地用户网络后尚未通过接入认证就发送数据分组，所以这一类数据分组也应该被直接丢弃。直到这台终端经过接入认证将自己的接入标识加入核心网接入路由器的本地用户映射信息缓存中，核心网接入路由器才可以为其转发数据分组。

组合序号 10 对应的情况是：核心网络接口收到一个数据分组，这个数据分组是本地接入的终端发送的。这有两种可能：在核心网络上发生了路由环路；数据分组是伪造的。无论哪种情况都必须将这个数据分组丢弃。

还剩下 4 种合法的情况。

① 组合序号 1 对应的情况是本地接入终端之间的通信，可以直接通过用户网络接口转发。

② 组合序号 2 对应本地接入终端与其他核心网接入路由器上接入的终端之间的通信，应该经标识映射后通过核心网络接口转发。

③ 组合序号 13 对应其他核心网接入路由器上接入的终端发往本地接入终端的数据分组，应该经标识映射后通过用户网络接口转发。

④ 组合序号 14 对应在核心网络上传输、途经核心网接入路由器的其他数据分组，应该通过核心网络接口直接转发，此时，核心网接入路由器充当了一个普通的核心路由器的角色。

图 4-1 展示了核心网接入路由器的协议栈对进入的数据分组进行判断处理的详细流程，这个流程是基于表 4-2 对数据分组的分类判断而设计的，并考虑到了处理步骤的先后顺序。图 4-1 中除了表 4-2 中列出的情况外，还涉及另外两种情况：一种是对于发往核心网接入路由器自身的数据分组需要直接交给自己协议栈的上层；另一种是涉及本地接入终端已经移走，但是核心网络上还有一些按照原路由标识发往这个核心网接入路由器的数据分组，对于这些数据分组，需要将其目的标识替换为终端最新的路由标识转发（详细处理流程见第 5 章）。这两种情况同样被反映在图 4-1 的数据分组处理流程中。

整个流程的设计充分考虑到所有在扩展的身份标识与位置标识分离映射的网络结构（Swapping Based Identifiers Separating and Mapping Architecture，S-ISMA）中可能出现的不同数据分组类型，针对不同类型的数据分组进行不同处理，是核心网接入路由器数据分组处理流程的核心。这个流程也将随着今后 S-ISMA 的进一步研究而改进，比如提出了新的需求、产生了新的数据分组类型等。

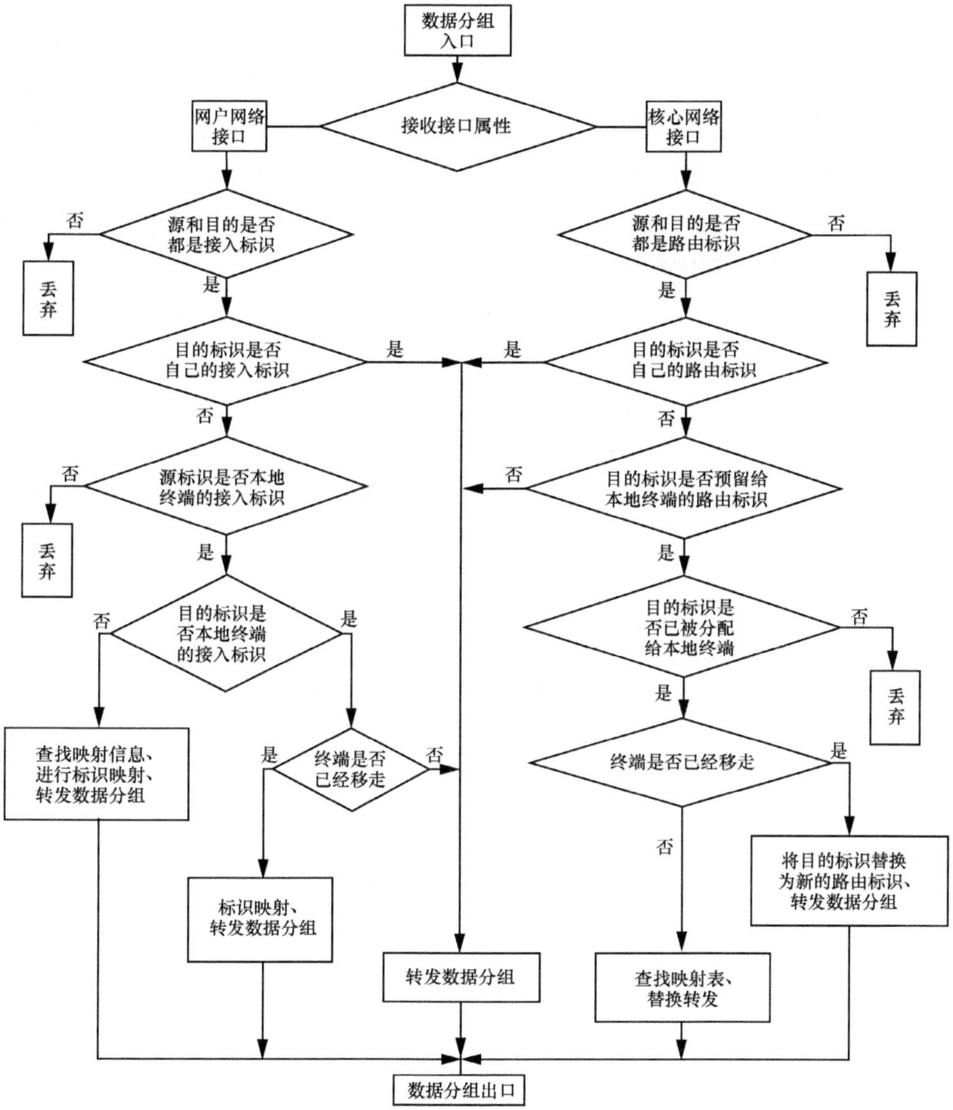

图 4-1　核心网接入路由器的数据分组处理流程

4.2.3　接入标识与路由标识映射机制的设计

标识网络的接入标识与路由标识映射的机制，将用户网络与核心网络的功能连接起来。实现标识映射机制的两种方法是标识封装和标识替换[22]。下面对标识封装和标识替换进行定义。

标识封装：源端（数据发送端）的核心网接入路由器将用户网络发送过来的源和目的均为接入标识的数据报文前面再封装一个数据报头，所封装数据报头的源和目的均为路由标识，且分别与源数据报头中的源和目的接入标识相对应。目的端（数据接收端）的核心网接入路由器首先将被封装数据报文的外层报头去掉，再将数据报文转发到目的端所在的用户网络。

标识替换：源端的核心网接入路由器将用户网络发送过来的数据报头中的源接入标识和目的接入标识直接替换为源路由标识和目的路由标识。目的端的核心网接入路由器首先将源路由标识和目的路由标识替换为源接入标识和目的接入标识，然后将数据报文转发到目的端所在的用户网络。

标识封装和标识替换两种方式各自存在一些优缺点（见表 4-3）。4.2.4 节以标识替换方式为例做具体机制的介绍。

表 4-3　标识封装与标识替换的比较

	标识封装	标识替换
优点	数据分组自身携带<接入标识，路由标识>映射信息，通信对端所接入的核心网接入路由器不需采用额外的机制就可以完成从路由标识到接入标识的映射，这可以部分降低核心网接入路由器、映射服务器的处理负担； 在同一个核心网接入路由器接入的所有用户的接入标识可以全部映射到相同的路由标识，可以不必进行<接入标识，路由标识>的一对一映射	替换方式不会增加报文长度，因此不会给网络带来额外的流量负担； 在核心网也无法同时截获一个终端的接入标识和路由标识，从而对用户的位置隐私和数据安全起到保护作用； 可以有效地支持基于接入标识与路由标识解析映射的移动机制（见第 5 章）； 替换方式不增加报文长度，因此不存在数据报文分片的问题
缺点	封装方式增加了报文长度，会给网络带来额外流量； 封装的数据分组在核心网同时携带接入标识和路由标识，缺乏安全性保证； 如果所有用户的接入标识全部映射到相同的路由标识，则难以支持基于标识解析映射的移动； 封装方式会增加数据报文长度，因此存在数据报文重新分片问题	数据分组自身不携带<接入标识，路由标识>映射信息，核心网接入路由器需要额外的机制才能够完成从路由标识到接入标识的映射； 必须为每个接入标识分配一个对应的路由标识

4.2.4　数据交互流程

在确定了接入标识、路由标识及其映射方式等的设计方案之后，就完成了标识网络可扩展路由体系的总体设计。该方案使用接入标识代表终端的身份信息，使用路由标识代表终端的位置信息，符合身份与位置分离的设计思想；核心网络将管理层面功能与路由层面功能互相分离，接入认证、映射信息维护等功能由管理层面完成，路由功能由路由层面完成。

图 4-2 所示为网络拓扑示意。在图 4-2 中，用户网络包括采用各种不同接入技术的终端和子网等；核心网络又分为管理层面和路由层面，路由层面包括核心网接入路由器（CAR）和核心路由器（Core Router，CoR）等路由设备，管理层面包括映射服务器和认证服务器等管理实体。其中，映射服务器负责维护网络中各种终端的接入标识与路由标识映射信息，认证服务器记录终端的各种认证信息，并通过加密算法和安全协议完成接入认证。

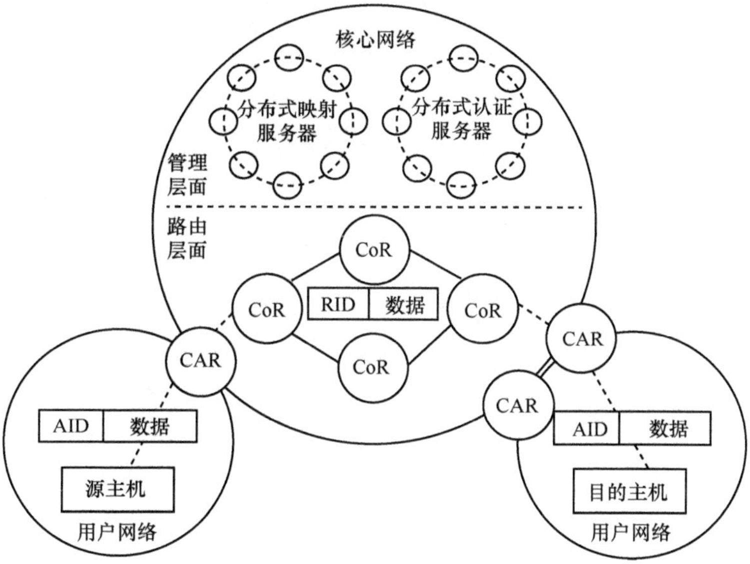

图 4-2　网络拓扑示意

图 4-3 显示了数据分组基本交互流程。图 4-3 中由终端 A 主动向终端 B 发起通信，步骤如下：① 当终端 A 进入核心网接入路由器 CAR_A 的覆盖范围时，首先收到 CAR_A 的 CAR 通告消息；② 终端 A 向 CAR_A 发送接入请求；③ CAR_A 向认证服务器进行认证查询；④ 如果认证通过，CAR_A 会为终端 A 分配路由标识，建立<接入标识，路由标识>映射信息，保存到本地用户映射信息缓存中；⑤ CAR_A 还会将该映射信息向映射服务器进行汇报；⑥ 当终端 A 向终端 B 发送数据时，数据分组的源为终端 A 的接入标识，数据分组的目的为终端 B 的接入标识；⑦ 当 CAR_A 收到

终端 A 的第一个数据分组时，由于此时它不知道终端 B 的<接入标识，路由标识>映射信息，所以会到映射服务器查询；⑧ 当 CAR_A 得到终端 B 的映射信息后，将映射信息存储到通信对端映射信息缓存中；⑨ CAR_A 会从映射服务器获得终端 B 所在的核心网接入路由器 CAR_B 的路由标识，并向 CAR_B 发送映射信息更新消息，通告终端 A 的<接入标识，路由标识>映射信息；⑩ CAR_B 收到 CAR_A 发来的映射信息更新消息后，将终端 A 的<接入标识，路由标识>映射信息以及分配映射信息的 CAR_A 存储到通信对端映射信息缓存中；⑪ CAR_A 将数据分组中的源和目的由接入标识替换为路由标识，并转发替换后的数据分组；⑫ CAR_B 收到该数据分组后，将源和目的标识由路由标识替换回接入标识，并向终端 B 进行转发，最终终端 B 收到终端 A 发送的数据。

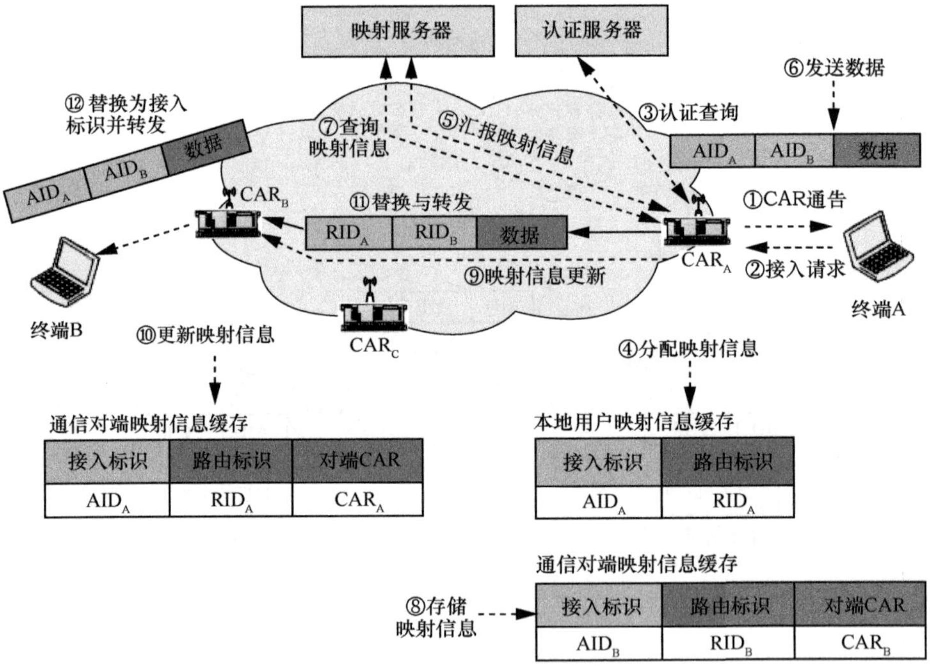

图 4-3　数据分组基本交互流程

其中，步骤⑨的作用是协助 CAR 完成从路由标识向接入标识的映射，从而解决标识替换方式中数据分组自身不携带映射信息的问题。

由于终端只被允许发出源和目的均是接入标识的数据分组，否则会被核心网接入路由器丢弃，所以终端无法攻击采用路由标识通信的核心网设备；由于数据分组的源和目的被核心网接入路由器替换为路由标识，所以核心网络中任何可能的网络监听者并不能获取通信双方的接入标识，从而能更好地阻止针对终端的被动攻击；由于代表位置信息的路由标识仅在核心网中可见，通信双方只能获知对方的接入标识，所以通信双方的位置相对于对方是保密的；由于终端没必要也不可能向映射服务器等管理层面设备发送信息，所以管理层面设备的标识对终端用户可以完全保密，进一步保证了管理层面设备的安全性。

4.3　性能评估与分析

4.3.1　全局路由表条目分析

衡量整个互联网可扩展性的重要指标是全局路由表的规模，本节分析了采用标识分离映射机制后的全局路由表中路由前缀的数量，给出了量化结果。在分析中采用 RouteViews 项目[23]所采集的核心路由器中的 RIB 数据。RouteViews 项目从核心网络多个不同的位置采集互联网全局路由系统的数据，是最具权威的路由数据采集项目之一。

按照通常的分类方法，互联网中的 AS 可以划分为两类：端自治系统和转接自治系统。区分端自治系统和转接自治系统的方法是：端自治系统仅仅出现在 BGP 更新消息中 AS 路径的末端，而转接自治系统会出现在 AS 路径的中间。一个端自治系统不为其他端自治系统转发数据，因此端自治系统可以看作 S-ISMA 中的用户网络。除了端自治系统以外，S-ISMA 的用户网络还包括不具有单独 AS 号的接入网络，如校园网、企业网等。一个转接自治系统要为其他转接自治系统或端自治系统提供数据转发的服务，因此可以将转接自治系统的集合对应于 S-ISMA 的核心网络。

图 4-4 描述了 2004 年 1 月至 2008 年 6 月的自治系统总数量变化、端自治系统数量变化以及转接自治系统数量变化，图 4-5 描述了端自治系统数量和转接自治系统数量分别占自治系统总数量的比例。图 4-4 和图 4-5 采用了 2004 年 1 月至 2008 年 6 月中每个月 1 日的数据。

从图 4-4 中可以看出传统互联网中自治系统数量的变化趋势，其中端自治系统的数量基本上呈线性增长趋势，其增长速度要远远快于转接自治系统。从图 4-5 中可以看出，端自治系统的数量占自治系统总数量的 80%左右，而转接自治系统的数量仅占自治系统总数量的 20%左右，端自治系统的数量远远超过了转接自治系统的数量。

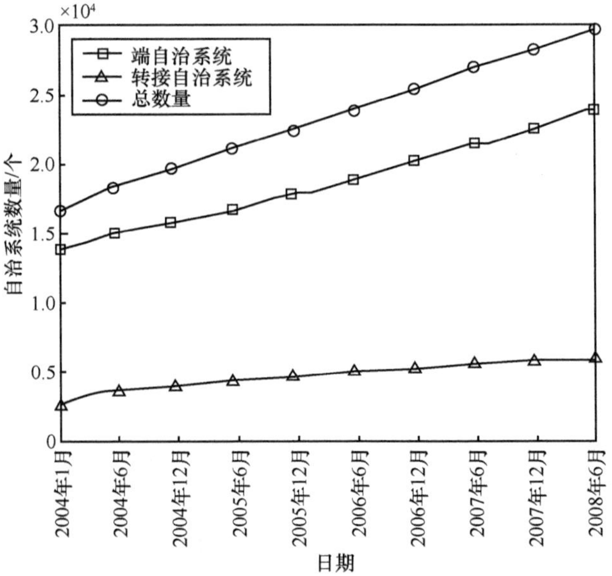

图 4-4　自治系统数量变化曲线

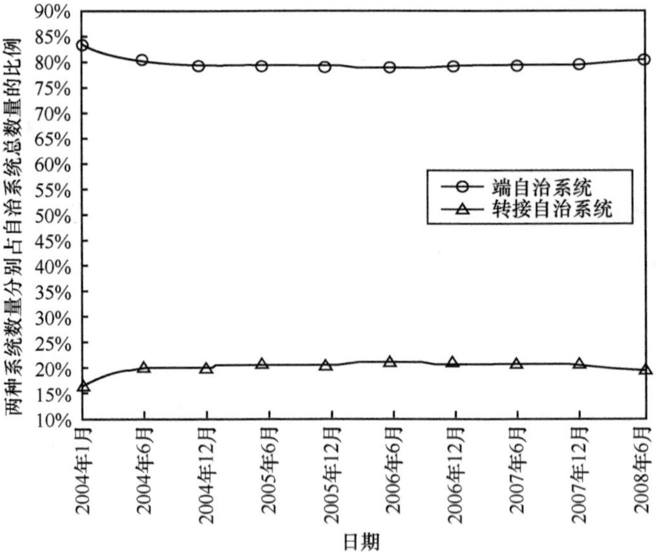

图 4-5　两种系统数量分别占自治系统总数量的比例

由于标识网络采用了用户网络与核心网络分离的网络结构，占自治系统总数量80%左右的用户网络就被隔离在核心网络之外。如果在标识网络的核心网采用与 HLP

类似的路由方式，使用 AS 号进行域间路由，那么标识网络全局路由系统的路由表条目将与转接自治系统的数量相当。特别对于 IPv6 地址（128 bit 的路由标识）来说，地址格式的定义中已经加入了顶层聚合标识（Top-Level Aggregation Identifier，TLAID），如果 TLAID 设置为运营商的 AS 号，则路由表条目很容易按照 AS 号进行聚合，这时标识网络的分离映射机制所带来的好处将非常明显。以 2007 年 6 月 1 日为例，如果按照 AS 号进行域间路由，标识网络的全局路由表条目将为 5 541 条左右，这个数量远远小于 2007 年 6 月 1 日的传统互联网全局路由表中的路由条目数量（约 24 万条）。考虑核心网内部的流量工程以及策略路由等因素，以 AS 号进行域间路由所产生的路由表条目数量可以看作标识网络中全局路由表条目数量的下界。

图 4-6 所示为 2004 年 1 月至 2008 年 6 月的互联网全局路由表条目的数量的变化曲线，图 4-7 所示为端自治系统和转接自治系统的路由条目数量占总路由条目数量的比例。图 4-6 和图 4-7 采集了 2004 年 1 月至 2008 年 6 月中每个月 1 日的数据。从图 4-6 中可以看出路由表条目数量的变化趋势为转接自治系统的路由条目数量要多于属于端自治系统的路由条目数量。从图 4-7 可以看出，端自治系统产生的路由表条目数量约占路由表条目总数量的 35%～40%。

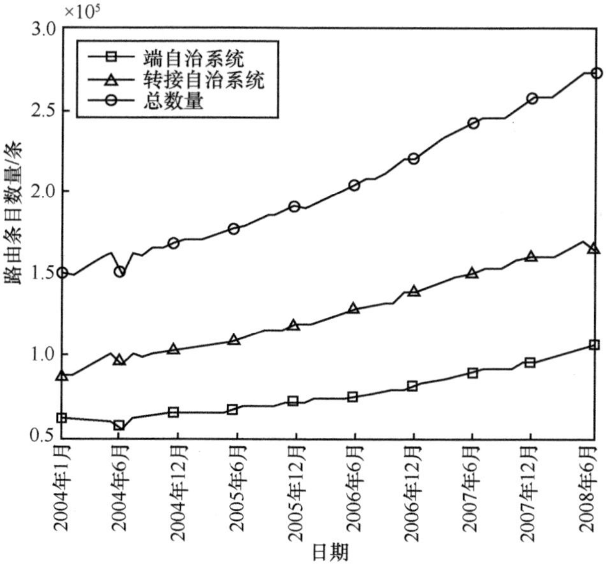

图 4-6　互联网全局路由表条目数量变化曲线

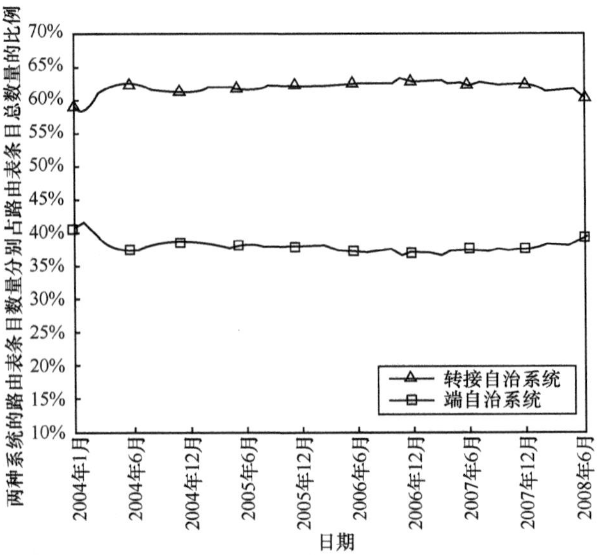

图 4-7　两种系统的路由表条目数量分别占路由表条目总数量的比例

现有互联网的分配地址空间方式，可以看作标识网络中分配标识空间的最差情况。对于标识网络来说，由于采用了用户网络与核心网络分离的网络体系结构，属于用户网络的路由条目将被完全隔离在全局路由表之外，因此，采用了分离映射机制后，最差的情况下全局路由表条目也将减少 35%～40%。此外，由于部分不具有独立 AS 号的接入网络，如校园网、企业网等也将被隔离在核心网络之外，这些网络产生的路由条目也将不能注入全局路由表中。因此，现有互联网全局路由表条目的 60%～65%是标识网络中全局路由表条目的上界。

4.3.2　路由更新消息数量分析

衡量整个互联网可扩展性的另一个重要指标是单位时间内路由器需要处理的 BGP 路由更新消息的数量。由于 BGP 更新消息经常会导致 FIB 的重新计算和更新，所以 BGP 更新消息的数量对全局路由表的重新聚合速度有着决定性的影响。例如，一个 BGP 路由器收到 BGP 更新消息的峰值速率每秒可能超过 1 000 条，这将造成严重的 BGP 更新扰动问题，有时会引起核心网络的路由扰动，导致核心路由表在一段时间内无法聚合。

引起核心网络路由扰动的 BGP 更新消息是拖尾分布的（heavy-tailed），即少量的自治系统产生了相当大比例的 BGP 更新消息[24]，而且其中大量的 BGP 更新消息最后变成了无用的信息，这主要是由于少数网络中连接的不稳定性被注入到了互联网全局路由系统。图 4-8 显示了占前缀总数量 80%的路由前缀引起了仅 40%左右的更新消息，而其他 20%的路由前缀却引发了 60%左右的更新消息[25]。

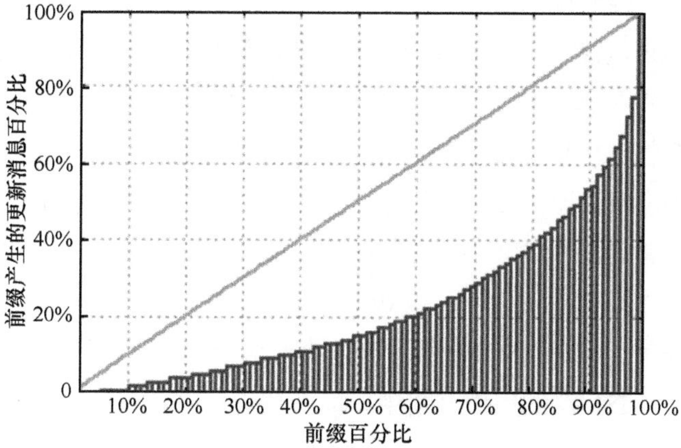

图 4-8　BGP 中前缀产生的更新消息累积分布曲线

图 4-9 显示了占自治系统总数量 90%的自治系统引发了 20%左右的更新消息，而剩余的 10%的自治系统却引发了 80%左右的更新消息[25]。

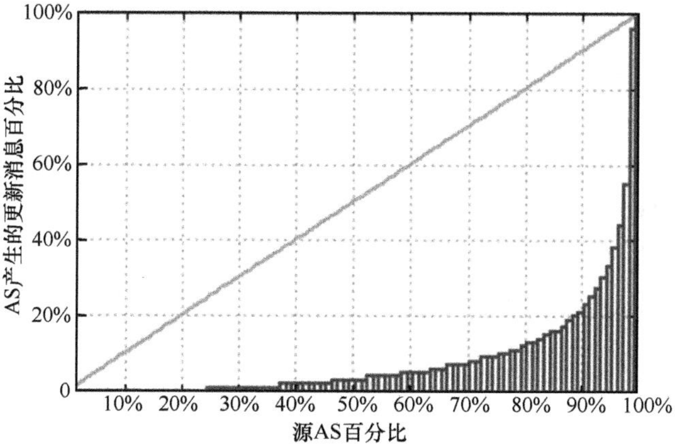

图 4-9　BGP 中源 AS 产生的更新消息累积分布曲线

在传统互联网中，位于网络边缘的用户网络的动态行为能够直接影响核心网络。其中，用户网络所产生的大量 BGP 更新消息是影响核心网络的路由性能的重要原因之一。用户网络中由于可聚合地址前缀分解等各种原因会产生大量的 BGP 更新消息，这些 BGP 更新消息会直接传送到核心网络。

标识网络将用户网络与核心网络进行了严格的隔离，用户网络与核心网络属于两个互相独立的路由系统，因此在标识网络中边缘网络动态变化所导致的路由更新将不会在核心网络中出现。

为了评估标识网络核心网中将会出现的更新消息数量，本书使用了 RouteView 项目所收集的互联网 BGP 数据进行分析。为了完成分析，必须首先确定哪些 AS 是端自治系统，哪些 AS 是转接自治系统。在确定端自治系统和转接自治系统之后，如果一条 BGP 更新消息中 AS 路径的第一跳 AS 为转接自治系统，那么这条 BGP 更新消息由转接自治系统中的某个事件触发，该 BGP 更新消息也就有可能会出现在 S-ISMA 的核心网络中；如果一条 BGP 更新消息中 AS 路径的第一跳 AS 为端自治系统，那么这条 BGP 更新消息则是端自治系统中的某个事件触发，该 BGP 更新消息就会出现在 S-ISMA 的用户网络中，而无法传播到 S-ISMA 的核心网络。

图 4-10 描述了 RouteView 项目在转接自治系统 AS6447 上每天接收到的 BGP 更新消息的总数量，以及分别源自端自治系统和转接自治系统的 BGP 更新消息数量。图 4-11 描述了源自端自治系统和转接自治系统的更新消息数量分别占更新消息总数量的比例。图 4-10 和图 4-11 中采用了 2007 年 7 月至 2008 年 6 月共 12 个月中每个月 1 日的数据。

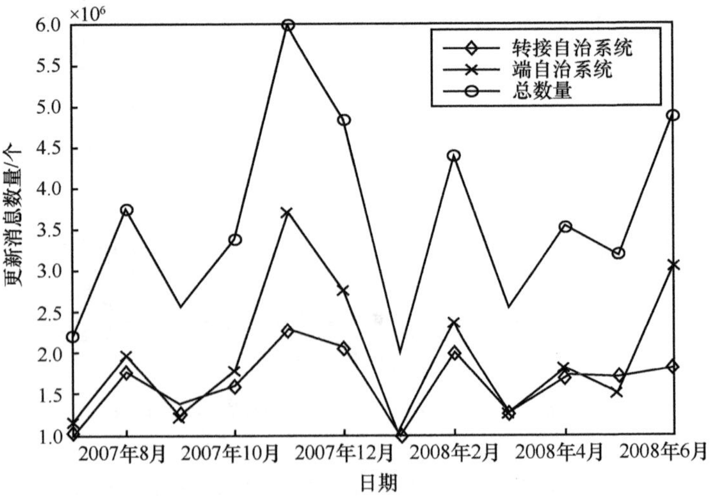

图 4-10 更新消息数量变化曲线

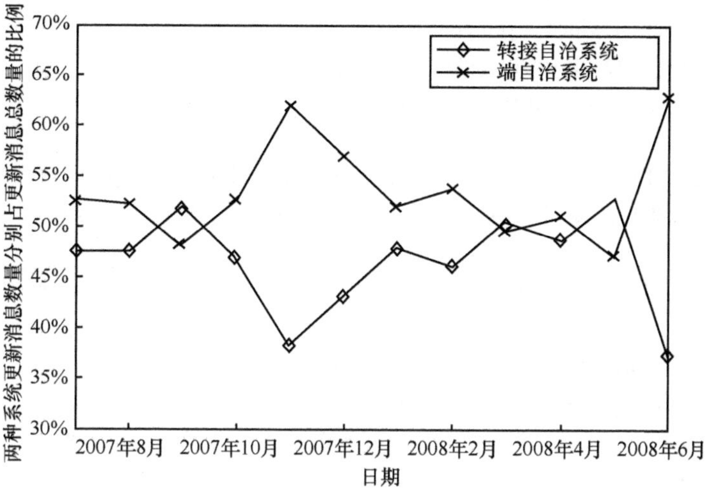

图 4-11　两种系统更新消息数量分别占更新消息总数量的比例

虽然端自治系统拥有的前缀数量要少于转接自治系统所拥有的前缀数量（如图 4-6 所示），但从图 4-10 中可以看出，端自治系统产生的更新消息数量却达到甚至超过了转接自治系统所产生的更新消息数量。从图 4-10 中还可以看出端自治系统所产生更新消息数量的波动比较严重，这说明端自治系统的各种动态行为较多，因此路由稳定性较差。

如果定义 updtoal 为更新消息的总量，那么 updtotal = updstub + updtransit，其中 updstub 和 updtransit 分别指 AS 路径属性的第一跳为端自治系统或转接自治系统的更新消息的数量。在 S-ISMA 中，updstub 是被严格隔离在全局路由系统之外的。由于一部分没有独立 AS 号的接入网络（如校园网、企业网等）也将被隔离在标识网络的核心网络之外，而这部分接入网络通常从 ISP 的转接自治系统获得地址前缀，所以 updtransit 的一部分也将被隔离在标识网络的全局路由系统之外，这样 updtransit 将是标识网络中更新消息数量的上界。从图 4-11 中可以看出，通常情况下 updtransit 不足 updtotal 的 50%，因此标识网络分离映射机制不但可以将更新消息的数量至少减少 50%，还可以将用户网络的大量不稳定行为隔离在全局路由系统之外。

参考文献

[1] ISO. Intermediate system to intermediate system intra-domain routing exchange protocol for

use in conjunction with the protocol for providing the connectionless-mode network service (ISO 8473)[R]. ISO DP 10589, 1990.

[2] CALLON R W. Use of OSI IS-IS for routing in TCP/IP and dual environments[R]. RFC 1195, 1990.

[3] REKHTER Y, LI T, HARES S. A border gateway protocol 4 (BGP-4)[R]. RFC 4271, 2006.

[4] BATES T, REKHTER Y, CHANDRA R, et al. Multiprotocol extensions for BGP-4[R]. RFC 2858, 2000.

[5] MANASI S D, AL-RASHID M M, ATULASIMHA J, et al. Skewed straintronic magnetotunneling-junction-based ternary content-addressable memory-part II[J]. IEEE Transactions on Electron Devices, 2017, (99): 1-7.

[6] The IAB workshop on the future of routing and addressing in the Internet[EB].

[7] KLEINROCK L, KAMOUN F. Hierarchical routing for large networks[J]. Computer Networks, 1977, 1(3): 155-174.

[8] ZHANG X, FRANCIS P, WANG J, et al. Scaling IP routing with the core router-integrated overlay[C]//Proceedings of the 14th IEEE International Conference on Network Protocols. Piscataway: IEEE Press, 2006: 147-156.

[9] 谢建方. 一体化网络主机多家乡通信协议的研究与实现[D]. 北京: 北京交通大学, 2008

[10] KARRENBERG D. IPv4 address allocation and assignment policies for the RIPE NCC service region[EB]. RIPE-424, 2007.

[11] BONAVENTURE O. Reconsidering the internet routing architecture[EB]. 2007.

[12] JEN D, MEISEL M, MASSEY D, et al. APT: A practical transit mapping service[EB]. Internet Draft, draft-jen-apt-01, 2007.

[13] WHITTLE R. Ivip (Internet vastly improved plumbing) architecture[EB]. Internet Draft, draft-whittle-ivip-arch-00, 2007.

[14] VOGT C. Six/One: A solution for routing and addressing in IPv6, Internet engineering task force[EB]. Internet Draft, draft-vogt-rrg-six-one-01, 2007.

[15] VOGT C. Six/One router specification[EB].

[16] VOGT C. Proxy support for Six/One[EB].

[17] Tunneling route reduction protocol (TRRP)[EB].

[18] Tunneling route reduction protocol (TRRP) conceptual summary and analysis for RRG[EB].

[19] YANG X, CLARK D, BERGER A W. NIRA: A new inter-domain routing architecture[J]. IEEE/ACM Transactions on Networking, 2007, 15(4): 775-788.

[20] SUBRAMANIAN L, CAESAR M, EE C T, et al. HLP: A next generation inter-domain routing protocol[J]. ACM SIGCOMM Computer Communication Review, 2005, 35(4): 13-24.

[21] CAESAR M, CONDIE T, KANNAN J, et al. ROFL: Routing on flat labels[C]//Proceedings of the 2006 Conference on Applications, Technologies, Architectures, and Protocols for Computer Communications. New York: ACM, 2006: 363-374.

[22] 万明, 刘颖, 张宏科. 位置与身份分离协议下一种基于信任度模型的新型映射机制[J].

通信学报, 2011, 32(7): 133-145.

[23] Advanced Network Technology Center and University of Oregon. The RouteViews project[EB].

[24] HUSTON G, ARMITAGE G. Projecting future IPv4 router requirements from trends in dynamic BGP behaviour[C]//Proceedings of Australian Telecommunication Networks & Applications Conference (ATNAC). Melbourne: University of Melbourne, 2006: 189-193.

[25] The BGP instability report[EB].

第5章

身份与位置映射的解析机制

本章主要分析标识网络的身份与位置映射的解析机制。身份与位置映射的解析机制是所有身份与位置分离方案的核心问题，本章介绍现有身份与位置分离方案中映射信息的解析方法，分析映射信息解析机制的研究需求和设计原则，提出一种分等级的分布式映射信息数据库实现方式，详细介绍映射信息的汇报、查询、更新等操作流程。

5.1 现有身份与位置分离方案分析

在所有的身份与位置分离机制中，位置信息都被认为是短期有效的，只有身份信息是长期有效的。因此，虽然各种身份与位置分离机制的具体实现方式不同，使用身份信息的方法也各自迥异，但是所有的机制都有一个共同点，那就是必须在网络中的某个节点完成身份信息与位置信息之间的解析工作，其中位置信息既可以是具体的转交地址，也可以是一般意义上的转发标识[1]。

身份与位置映射的解析机制是所有身份与位置分离机制的核心和难点问题，直接影响各种机制的扩展性和性能，并决定实用化的成败。目前主要有 3 种映射信息解析方式：pull 方式、push 方式和混合方式。pull 方式由终端或路由器在需要时查询外部的映射信息数据库并将结果缓存在本地，从而减少了终端或路由器上存储的映射信息状态，但增大了查询时延，降低了查询性能。push 方式在每个终端或路由器都复制了一份完整的映射信息数据库，减少了查询时延，但由于映射信息数据库的规模可能比目前的路由表要大很多，这将带来可扩展性问题。混合方式结合了 pull 和 push 思想，试图取得某种均衡。

IRTF 的 RRG 关于 LISP 的映射信息解析机制研究较多，主要包括 LISP-ALT[2]、LISP-DHT[3]、LISP-CONS[4]、NERD[5]和 APT 等。由于 LISP 机制与标识网络同样是基于网络的身份与位置分离映射机制，下面对 LISP 的几种映射信息解析机制进行重点介绍。

LISP-ALT 采用一种逻辑上的覆盖层（Overlay）拓扑来管理 LISP 中终端标识（Endpoint Identifier，EID）与位置标识（Routing Locator，RLOC）的映射信息。LISP-ALT 的覆盖层拓扑由 LISP-ALT 路由器（LISP-ALT Router）组成，采用 BGP 和通用路由封装（Generic Routing Encapsulation，GRE）构建。在 LISP-ALT 中，BGP 扩散的不再是路由信息，而是 EID 的前缀信息。类似于 BGP 路由器存储着能够到达目的前缀的下一跳信息，LISP-ALT 路由器存储着覆盖层拓扑上能够到达 EID 前缀的下一跳信息。当 LISP 中的隧道路由器需要查询映射信息时则向 LISP-ALT 路由器进行查询，LISP-ALT 路由器在覆盖层拓扑中查询映射信息，获得后回复给隧道路由器。虽然 LISP-ALT 可以通过 push 方式在覆盖层拓扑中扩散能够到达 EID 前缀的下一跳信息，但是隧道路由器对映射信息的查询过程是一种单纯的 pull 方式，在映射信息发生改变的情况下隧道路由器无法快速获得新的映射信息，从而难以支持移动。

LISP-DHT 是一种基于分布式哈希表（DHT）的映射信息管理系统。目前 LISP-DHT 采用了 Chord 算法。LISP-DHT 在每个域（Domain）维护一个或多个 Chord 节点，映射信息存储在 Chord 节点上。所有的 Chord 节点共同构成一个基于 DHT 的映射信息数据库。当隧道路由器需要映射信息时则向本域的 Chord 节点进行查询，本域的 Chord 节点利用 Chord 算法在整个映射信息数据库中查询后返回的查询结果。LISP-DHT 在 Chord 节点组成的映射信息数据库中可以通过 push 方式扩散映射信息，但是隧道路由器对映射信息的查询过程是一种单纯的 pull 方式查询过程。与 LISP-ALT 类似，LISP-DHT 同样存在着映射信息更新速度慢的问题。

LISP-CONS 是一种分等级的映射信息数据库。映射信息数据库由隧道路由器、内容存取设备和内容分发设备共同组成。每个应答式的内容存取设备存储着一定网络范围内 LISP EID 的映射信息，并通过内容分发设备组成的分等级网络来扩散映射信息的可达性信息（不是映射信息本身）。内容分发设备在信息的扩散过程中将 LISP EID 的前缀进行聚合，以减少扩散的条目数量。隧道路由器向查询式的内容存取设备查询所需的映射信息。查询式的内容存取设备根据映射信息的可达性信息，从应答式内容存取设备获得映射信息，然后将映射信息回复给隧道路由器。在 LISP-CONS 中，映射信息的可达性消息是通过 push 方式传输的，但映射信息还是通过单纯的 pull 方式获取，因此同样存在映射信息更新速度慢的问题。

NERD 是一种基于超文本传送协议（Hypertext Transfer Protocol，HTTP）的映射信息解析机制。在 NERD 中，隧道路由器在初始化时通过 HTTP 从映射信息数据库中下载所有的映射信息。之后，隧道路由器可以每隔一段时间从映射信息数据库中下载发生了改变的部分映射信息。由于隧道路由器上需要保存所有的映射信息，所以 NERD 采用的是单纯 push 方式的映射信息解析机制。因为映射信息条目的数量可能会非常庞大，所以 NERD 会面临可扩展性的问题。

APT 是一种基于混合方式的映射信息解析机制。APT 认为映射信息在网络中的存储位置应该尽可能地靠近隧道路由器，这样才能更快地完成映射信息的解析。因此，APT 引入了缺省映射路由器的概念。缺省映射路由器上保存了所有的映射信息，多个缺省映射路由器之间采用修改过的 BGP 来互相学习映射信息，以达到映射信息在整个网络的一致性。当隧道路由器收到数据分组后，如果本地缓存中没有所需要的映射信息，则将数据分组转发给缺省映射路由器。缺省映射路由器收到数据分组后进行地址映射和数据分组转发工作，同时还将本次用到的映射信息回复给隧道路由器，以便隧道路由器缓存所需的映射信息。APT 中的缺省映射路由器上需要保存所有的映射信息，由于映射信息条目的数量可能会非常庞大，APT 会面临可扩展性的问题。由于 BGP 的收敛速度较慢，APT 难以支持移动。

高效的映射解析机制是有效实现身份与位置分离方案的核心问题之一。在设计映射信息解析机制时，必须考虑到如下的设计需求。

（1）网络实际管理运营情况

核心网络存在多个 ISP，映射信息解析机制的设计需要考虑到网络的实际管理和运营情况，应该方便各个 ISP 管理和维护自己网络内的身份与位置映射信息。

（2）可扩展性

映射条目数量的可扩展性：身份与位置映射信息数据库所存储的映射条目可能会增长到一个很大的数量。例如，对于 IPv6 地址来说，如果映射信息数据库为每个 IPv6 前缀保存一个独立的映射信息条目，那么总的映射条目的数量级将达到 10^{18}。如果考虑终端或子网移动的情况，这个数量还会继续增长。因此，映射信息数据库所能存储的映射条目必须是可扩展的。

服务器数量的可扩展性：网络规模的不断扩大、映射条目数量的不断增长以及新的 ISP 的成立等因素，都会导致映射信息数据库所需要的服务器数量增加。因此，组成映射信息数据库的服务器数量必须是可扩展的。映射信息解析机制的实现方式必须充分考虑服务器数量的可扩展性，服务器数量的增长不能妨碍映射信息解析机制的有效运行。

（3）移动性

现有互联网存在大量的移动终端和移动网络。随着这些终端或网络的移动，它们的位置信息会发生变化。此时，它们的身份与位置的映射信息需要进行快速的更新。映射信息解析机制的设计必须能够满足映射信息的实时更新，以提供对移动性的支持。

（4）安全性

映射信息解析机制[6]的引入会给互联网带来一些新的安全性问题，例如映射信息数据库可能会成为恶意攻击者的攻击目标。映射信息解析机制必须在设计之初就考虑安全性问题，要从机制上保证自身的安全。

（5）多家乡

在多家乡的情况下，一个终端或用户网络可能会同时接入多个不同的 ISP，因而拥有多个位置信息。映射信息解析机制必须能够有效地支持多家乡技术，满足同一个身份信息具有多个不同的位置信息的需求。

根据以上的设计需求，本章提出了一种高效的映射信息解析机制。

5.2　标识网络映射信息解析机制

5.2.1　映射信息数据库

在标识网络分离映射解析机制中，每个核心网接入路由器的本地用户映射信息缓存中都保存着本地接入用户的映射信息，所有核心网接入路由器本地用户映射信息缓存中所存储映射信息的集合就是网络中全部的映射信息。因此，标识网络映射解析机制中最简单的分布式映射信息数据库的设计方式是将每个核心网接入路由器的本地用户映射信息缓存作为分布式映射信息数据库的一部分，不再引入其他设备[7]。但是这种设计方式存在以下缺陷。

（1）核心网接入路由器的负担较重

如果核心网接入路由器在负责用户数据转发的同时，还要负责映射信息的维护和更新工作，其存储负担和处理负担将会较重，不利于对用户数据的快速转发。

（2）管理层面与路由层面不清晰

用户数据传输和映射信息相关的协议消息传输将在同一层面进行，不利于控制与承载的分离。

（3）安全性较差

用户网络可以直接访问核心网接入路由器，单纯依靠核心网接入路由器维护映射信息将带来一定的安全性隐患。

基于上述分析，标识网络映射解析机制引入了专门的管理层面设备——映射服务器来进行映射信息的维护和更新[8]。映射服务器必须位于核心网络，不能位于用户网络。核心网络中各个 ISP 的网络可以拥有一个或多个映射服务器。核心网接入路由器的本地用户映射信息缓存与映射服务器共同组成分布式的映射信息数据库。核心网接入路由器负责分配、存储本地用户的映射信息，向映射服务器汇报本地用户的映射信息，以及查询、缓存通信对端的映射信息；映射服务器负责存储其管辖区域内用户的映射信息，并负责全局映射信息的查询、更新等。一个映射服务器可以管理多个核心网接入路由器，从而构成一种分等级的分布式映射信息数据库组织方式，如图 5-1 所示。

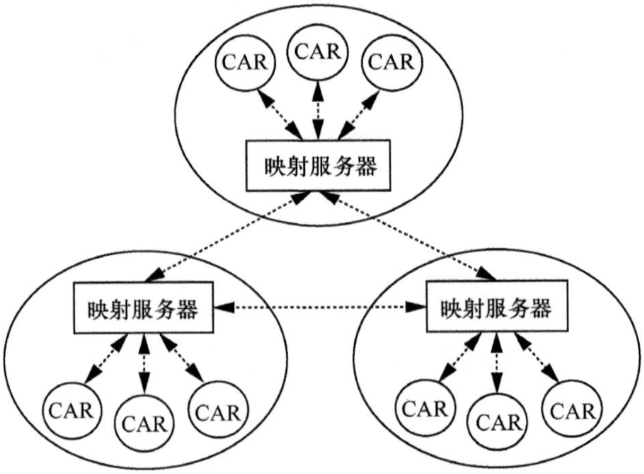

图 5-1　标识网络映射解析机制的分布式映射信息数据库组织方式

图 5-1 所示的分布式映射信息数据库组织方式具有以下优点。

① 符合网络的实际管理运营情况。每个 ISP 可以独立管理自己的映射服务器和核心网接入路由器。

② 可扩展性较好。

- 每个映射服务器仅存储一定网络范围内的映射信息。
- 映射服务器的数目可以随着需要而扩展。

③ 能够有效地支持基于网络的移动性管理。

④ 安全性较好。映射服务器位于核心网络，标识网络映射解析机制将用户网络与核心网络进行了严格的隔离，因此映射服务器不会受到来自用户网络的攻击。

⑤ 能够有效地支持基于网络的多家乡技术。

5.2.2　映射信息的扩散机制

标识网络映射解析机制借鉴了移动通信网络的设计思想，按照地理位置、用户规模等因素将核心网络中每个 ISP 的网络划分为若干个管理域，并用“归属域”表示终端所初始接入的家乡域，用“外域”表示归属域之外的其他管理域。每个管理域内设置一台映射服务器（还需另外设置备份映射服务器）。对一个终端来说，其归属域内的映射服务器称为归属映射服务器，外域内的映射服务器称为外域映射服务器。引入归属映射服务器的目的是：在有效支持映射信息扩散的同时，更好地支持移动性。无论一个终端移动到什么位置，其归属映射服务器中始终保存该终端的最新映射信息或能够查找到最新映射信息的位置。

标识网络映射解析机制将终端划分为两种类型：非移动型终端和移动型终端。非移动型终端和移动型终端可以通过接入标识中的移动属性进行区分。非移动型终端指通常不会发生移动的终端，如台式计算机等。当非移动型终端由于某种原因发生了跨域移动，或在外域的不同 CAR 下发生了移动，外域映射服务器都会将其最新的映射信息汇报给归属映射服务器。移动型终端指频繁发生移动的终端，如手机等。对于移动型终端，归属映射服务器仅保存其当前所在的外域映射服务器信息。当移动型终端在某个外域内的不同 CAR 下移动，从而获得不同的映射信息时，该外域的映射服务器不用向移动型终端的归属映射服务器频繁地汇报新映射信息。仅当移动型终端发生了跨越管理域的移动时，外域的映射服务器才需要向归属映射服务器汇报一次新的外域映射服务器信息。划分移动型终端和非移动型终端的目的是减少映射服务器之间的信息交互。

由于采用了分布式的存储方式，一个映射服务器仅需保存归属于其所在管理域的终端的映射信息，以及当前移动到其所在管理域的终端的映射信息。在映射信息的汇报、查询或更新过程中，有时会涉及多个管理域的映射服务器之间的信息交互。以图 5-2 所示的网络拓扑为例，网络划分成 3 个管理域，当归属域为域 1 的移动终端由域 1 移动到域 2 时，域 2 的映射服务器在获得并存储了移动终端的接入标识与新路由标识的映射信息后，需要向域 1 的映射服务器（即移动终端的归属映射服务器）进行映射信息汇报。当域 3 的一台固定终端要与移动终端进行通信时，固定终端所接入的核心网接入路由器为了进行标识替换，需要查找移动终端的映射信息，如果在本地映射信息缓存中没有查到所需的映射信息，则向域 3 的映射服务器查询。域 3 的映射服务器要根据移动终端的接入标识找到移动终端的归属域（域 1），并从域 1 的映射服务器中获得移动终端的映射信息。

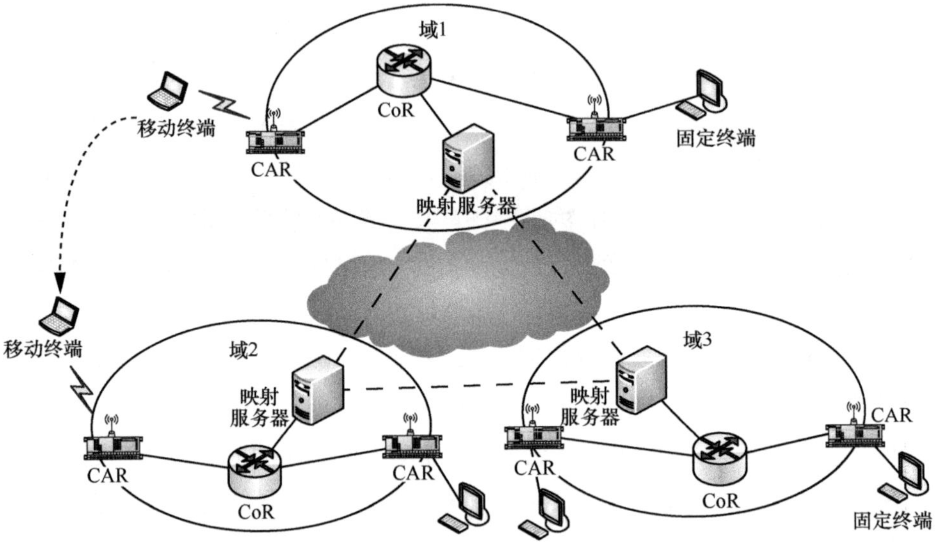

图 5-2　多个管理域的信息交互示例

映射信息在 S-ISMA 分布式映射信息数据库中的扩散主要包括映射信息汇报、查询和更新等操作。下面介绍这些操作的详细流程，其中映射信息更新操作主要与移动性相关。

映射服务器所存储的映射信息表分为两部分：归属本域表和归属外域表。归属本域表存储归属域为映射服务器所在管理域的终端的映射信息，归属外域表存储归属域为其他管理域的终端的映射信息。图 5-3 所示为 S-ISMA 中映射信息的汇报过程，该过程囊括了单个管理域之内以及多个管理域之间的映射信息汇报流程。映射信息汇报过程由核心网接入路由器和映射服务器共同完成，主要包括以下步骤。

① 核心网接入路由器检测到有新的终端用户接入，经过认证之后，为用户分配映射信息。

② 核心网接入路由器将分配的映射信息存储在本地用户映射信息缓存中，向其所在管理域的映射服务器发出映射信息汇报消息。

③ 映射服务器检查映射信息汇报消息中 AID 的归属域，如果归属当前管理域，则执行步骤④，否则执行步骤⑤。

④ 映射服务器查找归属本域表，判断在归属本域表中是否存在该终端的存储单元，如果没有此终端的存储单元，则为终端建立存储单元，记录其映射信息，然后执行步骤⑧；如果找到此终端的存储单元，则更新存储单元后执行步骤⑥。

⑤ 映射服务器查找归属外域表，判断在归属外域表中是否存在该终端的存储单元，如果没找到此终端的存储单元，则为终端建立存储单元，记录其映射信息，然后执行步骤⑦；如果找到此终端的存储单元，则更新存储单元后执行步骤⑦。

⑥ 为归属本域的终端发起映射信息更新，执行步骤⑧。

⑦ 为归属外域的终端发起映射信息更新，执行步骤⑧。

⑧ 映射服务器向核心网接入路由器返回响应消息，映射信息汇报结束。

此外，核心网接入路由器为用户进行映射信息汇报的操作还包括向映射服务器汇报终端离开这个过程。映射服务器收到这种类型的映射汇报消息，根据接入标识的归属域查找相应存储表，找到存储单元之后，对于归属外域的终端，直接删除终端的存储单元，并向其归属映射服务器发出终端离开的映射信息更新消息；对于归属本域的终端，则将存储单元中的路由标识清除，将映射信息标记为不可用，但要继续保留存储单元一段时间后再将存储单元删除。

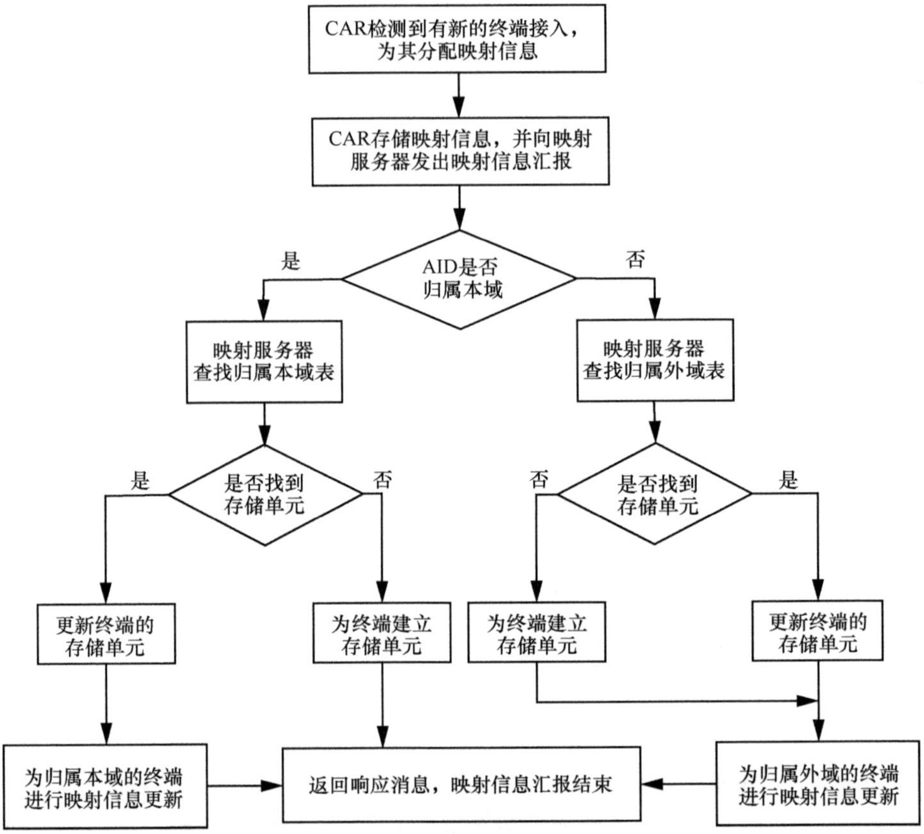

图 5-3　S-ISMA 中映射信息的汇报过程

图 5-4 所示为进行映射信息查询的过程，该过程囊括了单个管理域之内以及多个管理域之间的映射信息查询过程。对于核心网接入路由器来说，映射信息的查询过程采用的是 pull 方式，即在需要映射信息的时候到映射信息数据库中查询。

① 核心网接入路由器收到未知映射信息的数据分组后，向所在管理域的映射服务器发送映射信息查询消息。

② 映射服务器检查目的终端 AID 是否归属本管理域。是，则执行步骤③；否，则执行步骤⑪。

③ 映射服务器查找归属本域表，执行步骤④。

④ 判断是否找到目的终端的可用映射信息，如果找到目的终端的可用映射信息，则执行步骤⑥；否则，执行步骤⑤。

⑤ 向核心网接入路由器返回目的终端未入网信息，映射信息查询过程结束。

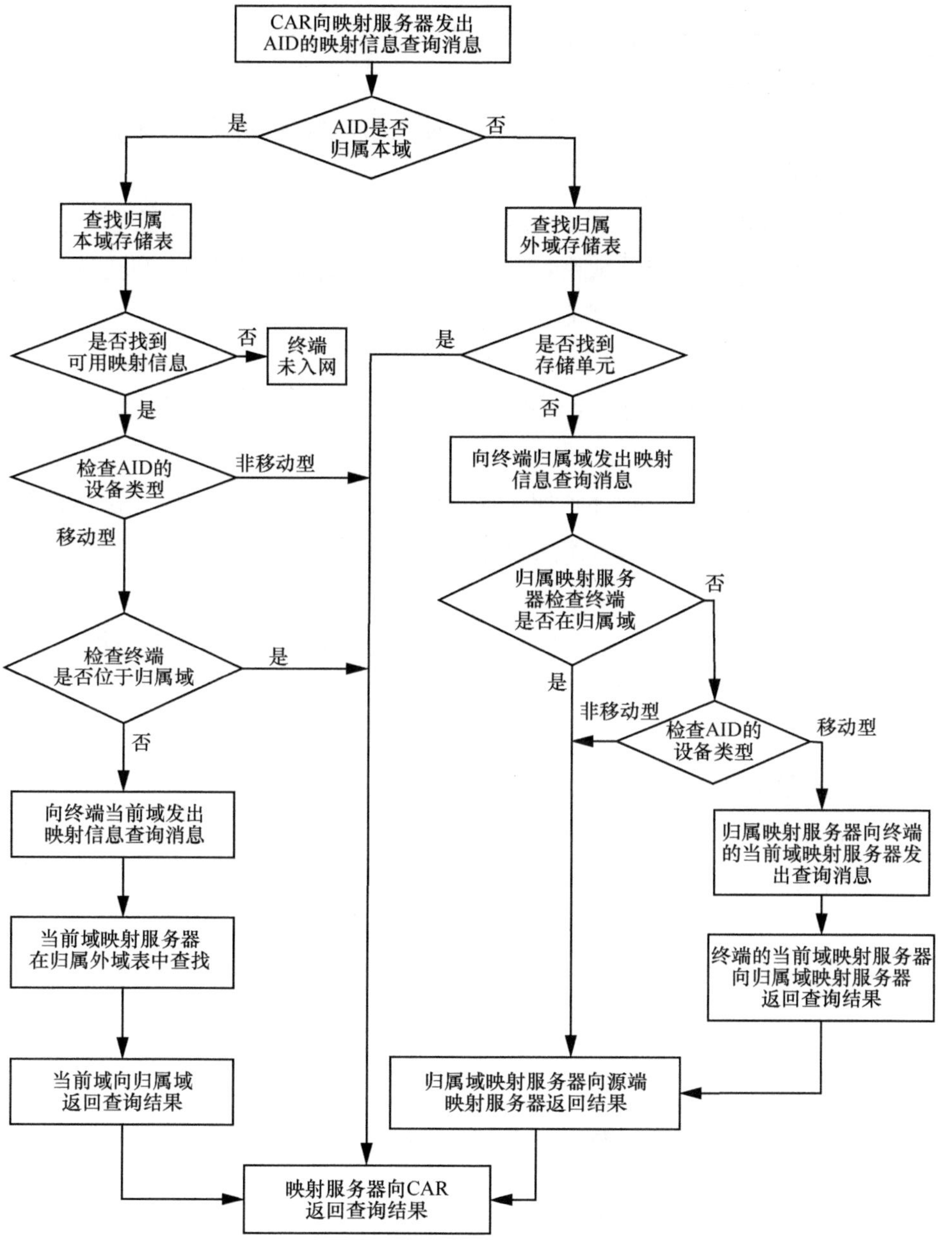

图 5-4　映射信息的查询过程

⑥ 映射服务器判断目的终端的设备类型。如果是移动型终端则执行步骤⑦；否则，执行步骤⑲。

⑦ 映射服务器查看目的终端现在是否位于其所在的管理域，是，则执行步骤⑲；否，则执行步骤⑧。

⑧ 映射服务器向目的终端当前所在管理域的映射服务器发出映射信息查询消息，进入步骤⑨。

⑨ 目的终端的当前域映射服务器在归属外域表中查找，进入步骤⑩。

⑩ 如果目的终端的当前域映射服务器找到目的终端映射信息，则返回结果到目的终端的归属映射服务器，否则，返回无结果信息。执行步骤⑲。

⑪ 映射服务器查找归属外域表，执行步骤⑫。

⑫ 判断是否找到目的终端的映射信息存储单元，找到，则执行步骤⑲，否则，执行步骤⑬。

⑬ 映射服务器向目的终端的归属映射服务器发出映射信息查询消息，执行步骤⑭。

⑭ 目的终端归属映射服务器判断终端当前是否在本域，是，则执行步骤⑱；否，则执行步骤⑮。

⑮ 目的终端归属映射服务器判断该终端的设备类型。如果为非移动型，则执行步骤⑱；否则，执行步骤⑯。

⑯ 目的终端归属映射服务器向目的终端当前所在域映射服务器进行映射信息查询，执行步骤⑰。

⑰ 如果目的终端的当前域映射服务器找到映射信息，则返回结果到目的终端的归属映射服务器；否则，返回无结果信息，执行步骤⑱。

⑱ 目的终端的归属映射服务器向源端当前所在管理域的映射服务器返回查询结果，执行步骤⑲。

⑲ 源端当前所在管理域的映射服务器向源端所接入的核心网接入路由器返回目的终端的映射信息查询结果。

5.2.3 归属域信息的扩散机制

不同管理域之间的映射服务器通过一系列的信息交互，能够有效地完成映射信息的汇报、查询和更新。然而，这里还存在一个问题：多个管理域的映射服务器互相通信时，要想获得其他域的用户的映射信息，必须首先定位到相关的映射服务器，即存储相关映射信息的归属映射服务器。因为在映射信息的首次查询中，只有找到用户的归属映射服务器，才能最终找到用户的映射信息。为了快速准确地解析归属映射服务器，必须引入一种归属域信息（Home Domain Information，HDI）的解析机制来进行归属域信息的存储及扩散。

因为接入标识数量巨大，而且主机会发生移动，所以接入标识与路由标识的映射条目可能会很多，因此标识网络映射解析机制的映射信息数据库被设计成了分布式。但是归属域信息具有与映射信息完全不同的特性：无论用户怎样移动，它的归属域信息始终是不变的。在这样的前提下，只要为每个用户网络分配连续的接入标识块，那么归属域信息的存储结构就可以按照一定规则（如以接入标识前缀为索引）排列，归属域信息条目就会相对有限。仅在用户网络更换归属域时，或用户网络的数量增加或减少时，归属域信息才会发生变化。归属域信息的变化与用户移动无关，因此归属域信息的变化也不频繁。

由此可以总结出归属域信息的两个特性：条目有限、变化缓慢。

基于归属域信息的特性，标识网络映射解析机制分析了 3 种可能的归属域信息存储和解析方式：类似 DNS 的分等级存储和解析方式（pull 方式）、基于 DHT 的平面式存储和解析方式（pull 方式）和类似 BGP 的集中存储和解析方式（push 方式）。

（1）类似 DNS 的分等级存储和解析方式

DNS 在整体组织上是树形的分布式解析系统，DNS 采用的域名空间也具有层次结构，这种树形的命名结构使得 DNS 能够通过逻辑拓扑的逐级递归找到域名与 IP 地址的对应关系。

与 DNS 对应，标识网络映射解析机制可以采用类似 DNS 这种逻辑树形的层次结构来查询接入标识的归属映射服务器。但是，类似 DNS 的系统架构存在一些难以改善的缺点。第一，在网络最初设计的时候就要对整个系统进行比较清晰的分级规划，而且这种分级规划带来的结构不够灵活的问题，很难进行改变。第二，接入标识需要定义成类似统一资源定位符（Uniform Resource Locator，URL）的分层结构，以便按照树形结构进行查找。接入标识的定义不但较为复杂，而且要引入一定的位置信息，从而造成安全性不够高。第三，DNS 使用相对集中的管理方式，配置复杂，限制了服务的灵活性。第四，DNS 的树形结构层次和查询机制会造成数据更新上的较大时延。由于归属域信息的查询过程直接关系到网络的连通性，较大的时延对于即时通信、网络视频等实时性要求很高的应用来说是难以容忍的。

（2）基于 DHT 的平面式存储和解析方式

DHT 采用的是平面式的分布式存储方法。DHT 中各节点并不需要维护整个网络的信息，而是仅负责一个小范围的路由及存储一小部分数据，从而实现整个网络的寻址和存储。DHT 网络模式有效减少了资源定位的开销，能够自适应节点的动态加入和退出。

在基于 DHT 的平面式存储和解析方式中，由多个映射服务器组成一个分布式系统，并基于 DHT 网络下的 Chord 算法来设计。每个映射服务器在系统中的地位都对等，它们共同维护整个网络的所有归属域信息，如图 5-5 所示。

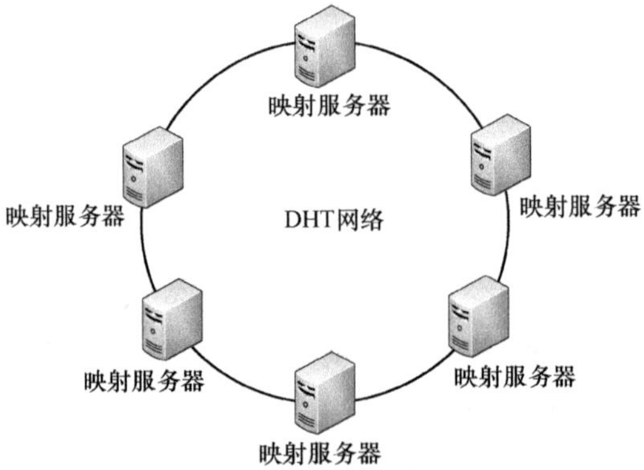

图 5-5　基于 DHT 网络的归属域信息扩散方式

为了实现负载均衡，在 Chord 算法中，节点标识符（ChordID）是随机选择的，关键字（Key）是通过对资源（Value）进行哈希运算而得到的，ChordID 和 Key 在同一个值域空间内随机获取。在标识网络映射解析机制中，为了适应网络实际管理运营的需求，需要对这种随机性进行修改。可以使用接入标识做 Chord 环上的 Key，归属映射服务器作为 Value。在构造 Chord 环的过程中，需要选择一些管理域的映射服务器作为 Chord 环上的节点，并以其管辖的接入标识作为 ChordID。不能将所有管理域的映射服务器都作为 Chord 环上的节点，这将使得在某个节点查到归属域信息的同时就可以在相同的节点上获得映射信息，从而使归属域信息查询退化为映射信息查询。每个 ISP 可以选择一个或多个映射服务器作为 Chord 环上的节点，由这些节点代替 ISP 的所有映射服务器在 Chord 环上扩散归属域信息。当一个 ISP 的接入标识可以汇聚成一个有相同前缀的标识块时，可以为这个标识块创建一个<Key, Value>对，并将标识块中最大的接入标识作为 ChordID，这样做既确保了一个 ISP 的 Chord 节点拥有并管理该 ISP 的所有归属域信息，还可以减少归属域信息的存储条目和处理时延。当映射服务器在本地缓存中找不到<接入标识，归属域>的对应关系时，就会向 Chord 环发送一个归属信息查询消息。经过在 Chord 环上的查询，将得到一个正确的响应消息。

但是，基于 DHT 的平面式存储和解析方式还存在一些缺点：如果 Chord 环上有 N 个节点，则查询步骤复杂度为 $O(\log N)$。因此，当 N 较大时，系统查找时延方面会出现很大的问题，而且 Chord 算法查询的开销随着节点数目的增长而呈对数级增长，这些都将导致查找速度随着网络规模的扩大而受到越来越大的局限。

（3）类似 BGP 的集中存储和解析方式

为了对归属域信息进行更加有效的组织和管理，提高查询响应速度，可以让每个映射服务器都维护一个全局性的归属域信息表，保存全网所有接入标识和归属映射服务器的对应信息。为了实现这种全局归属域信息表的一致和同步，应该有一种机制使一个映射服务器自动获得其他映射服务器所保存的归属域信息，当它要向外域广播其自身的归属域信息时，可以发送归属域信息更新消息。

为了维护各个映射服务器中归属域信息表的同步，需要有一种可靠的、实时的机制将归属域信息的变化同步到所有其他映射服务器上。为此，标识网络映射解析机制提出了通过修改 BGP，并使其独立运行在映射服务器之间，来完成归属域信息的更新和传递。BGP 是一种用来在自治系统之间交换网络层路由可达性信息的域间路由协议。对大型和复杂网络强大的支持能力使 BGP 在现有互联网中获得了大规模的部署。

不难发现，BGP 为了维护路由可达性信息而具有的一些特性同样符合接入标识到归属映射服务器对应信息的维护管理需求，两者在本质上存在着许多相似点。具体叙述如下。

（1）可靠性

BGP 应用 TCP 提供可靠性传输，这为 BGP 解决了数据分组重传、确认和前后顺序等重要而烦琐的问题。同时，为了维护路由信息的精确性，当某些路由变得不可达时，BGP 会迅速地通知它的对等体撤回这些不可达路由。

映射服务器需要快速而准确地定位接入标识的归属域，归属域信息查询失败会直接影响映射信息的查询，进而导致端到端通信的失败。并且，当某些接入标识的归属域发生转移或变得不可达时，维护协议应该迅速并可靠地在映射服务器网络中更新这些不可达信息。

（2）灵活有效的更新机制

BGP 使用“递增式”的更新机制，这种机制在最初建立好连接、交换完整的路由信息以后，在对等体之间就只交换发生变化的路由的更新信息，大大减少了链路开销和存储开销。

由于引起归属域信息更新的因素主要是用户网络改变归属域，以及用户网络的增加或减少，所以映射服务器之间在最开始交换完整的归属域信息以后，只需要交互少量的消息进行更新维护，以减少消息处理时间及网络传输负担。

（3）避免环路的机制

BGP 通过携带 AS 路径信息，可以有效地避免路由环路问题。当一个 AS 号在 BGP 更新消息中不相邻的位置出现了两次或更多时，就可以判断出现了路由环路。

对于归属域信息的扩散过程来说，环路会造成相同的归属域信息在相同的路径上多次扩散，从而浪费网络资源，还可能造成归属域信息扩散失败，所以在扩散归属域信息时可携带归属域路径信息以避免环路。需要注意的是，归属域路径是映射服务器所构成的逻辑拓扑上的路径信息，与 BGP 路由协议中的 AS 路径不一定保持一致。

基于以上的分析可知，利用类似 BGP 的协议在映射服务器之间传送归属域信息并获得一些预期的性能是合理可行的。

表 5-1 对类似 DNS 的分等级存储和解析方式、基于 DHT 的平面式存储和解析方式和类似 BGP 的集中存储和解析方式进行了比较。通过对 3 种方案的对比可以发现，类似 BGP 的集中存储和解析方式具有查找效率高、可靠性高的特点，这正是归属域信息查询所需要的。虽然类似 BGP 的集中存储和解析方式存在存储开销大、更新速度较慢的缺点，但是归属域信息本身的两个特性就是条目有限和变化缓慢。因此，标识网络映射解析机制选择了类似 BGP 的集中存储和解析方式。

表 5-1　类似 DNS、基于 DHT 和类似 BGP 的 3 种存储和解析方式的比较

方案特点	类似 DNS 的分等级存储和解析方式	基于 DHT 的平面式存储和解析方式	类似 BGP 的集中存储和解析方式
网络逻辑拓扑	树形	环形	平面
组织形式	分布式	分布式	集中式
查找方式	分级递归	Chord 算法	本地直接查找
查找效率	较高	较低	高
更新速度	慢	较快	较慢
可靠性/容错性	低	较高	高
数据库存储开销	较小	小	大

在具体的实现方式中，将修改后的 BGP 命名为 IDMS-BGP。由映射服务器组成一个覆盖层网络，IDMS-BGP 运行于覆盖层网络上。IDMS-BGP 对于覆盖层之外的其他节点不产生任何影响。IDMS-BGP 在协议结构和协议消息上与 BGP 类似，但是使用的目的和获得的结果却大不相同。IDMS-BGP 用来扩散归属域信息，而不再是路由可达性信息。需要注意的是，IDMS-BGP 扩散的不是能够获得归属映射服务器信息的下一跳，而是直接扩散归属映射服务器的信息（即归属映射服务器的路由标识）。IDMS-BGP 的 OPEN、NOTIFICATION 和 KEEPALIVE 等协议消息的用法与 BGP 协议类似，但是 UPDATE 消息要做出大的改动。需要重新定义一种归属域信息，如图 5-6 所示。归属域信息的扩散和更新都要靠 HDI 来完成。

当一个映射服务器需要向其他映射服务器扩散归属域信息时，则向外发送 IDMS-BGP UPDATE 消息，消息中携带要通告或撤销的归属域信息。当一个映射服务器收到其他映射服务器发送的 IDMS-BGP UPDATE 消息后，将消息中通告的归属域信息存储在归属域信息表中，如已经存在该信息，则将存储条目进行更新；将消息中撤销的归属域信息从归属域信息表中删除。在收到 IDMS-BGP UPDATE 消息后，映射服务器可以选择是否向其邻居节点转发收到的 UPDATE 消息。

0   1   2   3
0 1 2 3 4 5 6 7 8 9 0 1 2 3 4 5 6 7 8 9 0 1 2 3 4 5 6 7 8 9 0 1

归属映射服务器		
AID类型	掩码长度	有效时间
AID1		
AID类型	掩码长度	有效时间
AID2		
…		

图 5-6　归属域信息

5.2.4　映射信息数据库的应用举例

标识网络映射解析机制中的映射信息查询方式采用的是 pull 方式，CAR 在需要时从映射服务器组成的覆盖层网络中查询映射信息。但与单纯的 pull 方式相区别的是，标识网络映射解析机制借鉴了移动通信网络的设计思想，并设计了一种快速的主动更新 CAR 映射信息缓存的更新机制，使得标识网络映射解析机制可以有效地支持移动性。

为了减少 pull 方式的查询时延，标识网络映射解析机制采用了 push 方式的归属域信息扩散方式，这使得在映射服务器组成的覆盖层网络中仅需一跳或两跳（仅当移动型终端位于外域时才需要两跳）就可以查询到所需的映射信息。因此，标识网络映射解析机制采用的是结合了 pull 方式和 push 方式的混合式映射信息解析机制。

一个标识网络映射解析机制映射信息数据库的实例如图 5-7 所示。在图 5-7 中，核心网络中有 3 个管理域：域 A、域 B 和域 C。用户网络 A、用户网络 B 和用户网络 C 分别通过域 A、域 B 和域 C 接入核心网络。其中，用户网络 B 是多家乡网络，同时通过域 B 和域 C 接入核心网络。此外，用户网络 C 中的一个主机 C1 移动到域 A 下接入。图 5-7 列出了域 A 的映射服务器 $IDMS_A$ 和域 C 的映射服务器 $IDMS_C$ 上的归属域信息表。图 5-7 还列出了 $IDMS_A$、$IDMS_B$ 和 $IDMS_C$ 上的映射信息表。

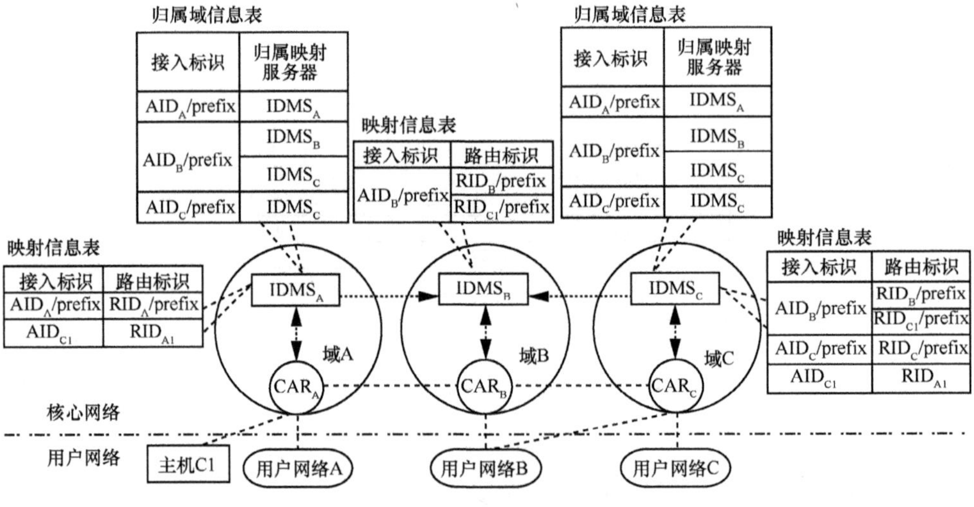

图 5-7 映射信息数据库的实例

从域 A 的映射服务器 $IDMS_A$ 保存的映射信息表可以看出，用户网络 A 聚合为一个映射条目，主机 C1 的映射信息占用了一个映射条目，这说明主机的移动会造成映射信息表条目的增加。

从域 A 的映射服务器 $IDMS_A$ 和域 C 的映射服务器 $IDMS_C$ 保存的归属域信息表

可以看出，主机 C1 的移动并没有造成归属域信息表条目的增加，说明主机移动对归属域信息表没有影响。

从 $IDMS_A$ 和 $IDMS_C$ 的归属域信息表可以看出，用户网络 B 是多家乡网络，因此有两个归属域。从 $IDMS_B$ 和 $IDMS_C$ 的映射信息表可以看出，多家乡的用户网络 B 在域 B 和域 C 都被分配了映射信息。

从 $IDMS_C$ 的映射信息表可以看出，由于 $IDMS_C$ 是主机 C1 的归属映射服务器，$IDMS_C$ 的映射信息表也保存了主机 C1 的最新映射信息。

5.2.5　各种映射信息解析机制的对比

本节针对 5.1 节提出的网络实际管理运营情况、可扩展性、移动性、安全性和多家乡等设计需求，对各种映射信息解析机制进行了对比与分析[9]。

（1）网络实际管理运营情况

LISP-ALT 和 APT 没有明确说明如何满足网络的实际管理运营情况，由于 LISP-ALT 和 APT 都采用修改的 BGP 来协助映射信息的扩散，所以它们可以借鉴 BGP 在多个 ISP 之间的使用模式。

LISP-DHT 通过 Chord 算法和 ChordID 的选择将一个 ISP 内的映射信息存储到本 ISP 内的 Chord 节点上，从而满足实际的网络管理运营情况。

LISP-CONS 和 NERD 没有明确说明如何满足网络实际管理运营情况。

标识网络映射解析机制的映射信息数据库在设计中充分考虑了网络中的实际管理运营情况，每个 ISP 的映射服务器和核心网接入路由器构成分等级的数据库结构，并由映射服务器负责与其他 ISP 的映射服务器进行相关信息的交互。

（2）可扩展性

NERD 的隧道路由器和 APT 的缺省映射路由器需要存储所有的映射信息，当映射信息条目很多时，NERD 和 APT 将存在较严重的可扩展问题。

LISP-ALT、LISP-DHT、LISP-CONS 和标识网络映射解析机制都采用了分布式的映射信息存储方式，每个节点仅存储部分映射信息，因此映射条目的可扩展性和服务器数量的可扩展性都较好。但是，在逻辑拓扑上 LISP-ALT、LISP-DHT 和 LISP-CONS 保存的都是到达映射信息的下一跳，可能需要多跳才能最终到达保存映射信息的节点。

标识网络映射解析机制保存的是存储映射信息的映射服务器，只需一跳或两跳

（仅当移动型终端位于外域时才需要两跳）就可以查询到所需的映射信息，所以标识网络映射解析机制所需要的映射信息查询时间较短。

（3）移动性

目前版本的 LISP-ALT、LISP-DHT、LISP-CONS、NERD 和 APT 都没有考虑对移动性的支持。

标识网络映射解析机制在设计之初就将对移动性的支持作为一个重要的研究方向，借鉴移动通信网的思想，引入归属映射服务器的概念，通过映射服务器之间以及核心接入路由器之间的消息，快速更新过时的映射信息缓存，从而达到支持快速宏移动的目的。

（4）安全性

现有的各种映射信息解析机制虽然都描述了一些它们可以采用的安全机制，但都没有进行详细的阐述。LISP-ALT 主要继承了 BGP 安全性能，认为 BGP 的安全性改进方案（如 sBGP[10]和 soBGP[11]）都可以被用来保证映射信息的安全性。LISP-DHT 认为采用数字签名机制能够保证 LISP-DHT 中各种协议消息的安全性。LISP-CONS 继承了与 DNS 和 BGP 类似的安全特性，并认为 LISP-CONS 中各个节点之间的关系都是显式配置的，且节点不位于易受攻击的网络边缘，因此比 DNS 和 BGP 更安全。NERD 建议采用权威机构签名的方式保证映射信息的真实性，采用传输层安全协议等方式保证映射信息的完整性。公钥基础设施（Public Key Infrastructure，PKI）、传输层安全（Transport Layer Security，TLS）等都是可选择使用的安全机制。APT 建议采用签名的机制保证映射信息及控制消息的安全性，但并没有阐述具体的实现方式。

标识网络映射解析机制借鉴了第三代合作伙伴计划（3GPP）的网络安全架构，设计了一种先认证后分配映射信息的工作机制，在保证用户身份真实性的同时，也为移动环境下的安全性提供了一定的保障。标识网络映射解析机制将用户网络与核心网络严格分离，因此用户网络的攻击无法到达映射服务器。映射服务器之间的安全特性主要继承于 BGP，各种 BGP 的安全策略和改进方案都可以采用。

（5）多家乡

LISP-ALT、LISP-DHT、LISP-CONS、NERD、APT 和标识网络映射解析机制都可以将一个身份信息映射到多个位置信息，从而提供对多家乡的支持。

5.3　性能评估与分析

5.3.1　归属域信息表的容量分析

由于标识网络映射解析机制中映射信息是采用分布式方式存储的，每个映射服务器仅存储所管辖网络范围内的接入标识的映射信息，所以映射信息表并不会对映射服务器形成过大的存储压力。而标识网络映射解析机制中的归属域信息表采用的是集中式的存储方式，所以本节对归属域信息表的容量进行分析，以判定集中式的归属域信息表存储方式是否合理。

映射服务器上归属域信息表中一个条目的格式如图 5-8 所示。为了有效地支持基于网络的多家乡技术，每个 AID 条目都可以有多个归属映射服务器。AID 条目的格式如图 5-9 所示，其中归属域数量表示 AID 条目拥有的归属域个数，掩码长度决定 AID 的聚合程度，AID 类型可以用来区分 32 bit 或 128 bit 的 AID。IDMS 条目的格式如图 5-10 所示，其中 RID 类型可以用来区分 32 bit 或 128 bit 的 RID，有效时间指在归属域信息表中保持该 IDMS 条目存活的时间。

0　　　　　　　　　1　　　　　　　　　2　　　　　　　　　3
0 1 2 3 4 5 6 7 8 9 0 1 2 3 4 5 6 7 8 9 0 1 2 3 4 5 6 7 8 9 0 1

AID条目
IDMS条目1 IDMS条目2 … IDMS条目n

图 5-8　一个归属信息条目的格式

0　　　　　　　　　1　　　　　　　　　2　　　　　　　　　3
0 1 2 3 4 5 6 7 8 9 0 1 2 3 4 5 6 7 8 9 0 1 2 3 4 5 6 7 8 9 0 1

归属域数量	掩码长度	AID类型
AID		

图 5-9　AID 条目的格式

0　　　　　　　　　1　　　　　　　　　2　　　　　　　　　3
0 1 2 3 4 5 6 7 8 9 0 1 2 3 4 5 6 7 8 9 0 1 2 3 4 5 6 7 8 9 0 1

RID类型	有效时间	保留字段
IDMS的RID		

图 5-10　IDMS 条目的格式

表 5-2 描述了 AID 和 RID 为 32 bit 和 128 bit 时的归属域信息表存储容量的下界，并且在 n_{IDMS} 分别取 1、2 和 5 的情况下进行了计算。

表 5-2 归属域信息表存储容量的下界

日期	n_{AID}（近似为现有网络端自治系统的数量）	n_{IDMS}	AID 和 RID 为 32 bit，归属域信息表存储容量/KB	AID 和 RID 为 128 bit，归属域信息表存储容量/KB
2005 年 6 月	16 887	1	270.192	675.480
		2	405.288	1 013.220
		5	810.576	2 026.440
2006 年 6 月	18 914	1	302.624	756.560
		2	453.936	1 134.840
		5	907.872	2 269.680
2007 年 6 月	21 401	1	342.416	856.040
		2	513.624	1 284.060
		5	1 027.248	2 568.120
2008 年 6 月	24 209	1	387.344	968.360
		2	581.016	1 452.540
		5	1 162.032	2 905.080

表 5-3 描述了 AID 和 RID 为 32 bit 和 128 bit 时的归属域信息表存储容量的上界，并且在 n_{IDMS} 取 1、2 和 5 的情况下进行了计算。从表 5-3 可以看出，在 2008 年 6 月当 AID 和 RID 为 128 bit、n_{IDMS} 取值为 5 的情况下，归属域信息表存储容量的上界仅为 12 793.080 KB，所以集中式存储的归属域信息表不会在存储容量上给映射服务器带来大的压力，也证明了之前所提出的归属域的特性之一是条目有限。

表 5-3 归属域信息表存储容量的上界

日期	n_{AID}（近似为用户网络中地址前缀的数量）	n_{IDMS}	AID 和 RID 为 32 bit，归属域信息表存储容量/KB	AID 和 RID 为 128 bit，归属域信息表存储容量/KB
2005 年 6 月	67 736	1	1 083.776	2 709.440
		2	1 625.664	4 064.160
		5	3 251.328	8 128.320
2006 年 6 月	76 131	1	1 218.096	3 045.240
		2	1 827.144	4 567.860
		5	3 654.288	9 135.720

（续表）

日期	n_{AID}（近似为用户网络中地址前缀的数量）	n_{IDMS}	AID 和 RID 为 32 bit，归属域信息表存储容量/KB	AID 和 RID 为 128 bit，归属域信息表存储容量/KB
2007 年 6 月	90 797	1	1 452.752	3 631.880
		2	2 179.128	5 447.820
		5	4 358.256	10 895.640
2008 年 6 月	106 609	1	1 705.744	4 264.360
		2	2 558.616	6 396.540
		5	5 117.232	12 793.080

为了分析归属域信息表的存储容量，定义如下参数。

n_{AID}：归属域信息表中条目的总数量。

n_{IDMS}：归属域信息表中每个条目所平均包含的归属 IDMS 数量。

s_{AID}：AID 条目的字节数。

s_{IDMS}：IDMS 条目的字节数。

归属域信息表的存储容量可以描述为 $s_{total} = n_{AID} \times (s_{AID} + n_{IDMS} \times s_{IDMS})$。

假设每个用户网络的接入标识都可以聚合为归属域信息表中的一个条目，那么归属域信息表中条目的总数量 n_{AID} 就是用户网络的数量。每个用户网络均聚合为一个 AID 条目时得到的 n_{AID} 可以看作标识网络映射解析机制中 n_{AID} 的下界。由于现有网络端自治系统的数量可以近似地看作标识网络映射解析机制的用户网络数量，可以采用图 4-4 描述的端自治系统数量来估计 n_{AID} 的下界。

如果标识网络映射解析机制用户网络直接按照现有互联网的地址分配方式分配接入标识，那么可以使用现有网络端自治系统中的地址前缀数量来估计 n_{AID}，这时的 n_{AID} 可以看作 n_{AID} 的上界，可以采用图 4-6 描述的端自治系统中的前缀数量来估计 n_{AID} 的上界。

如果 AID 为 32 bit，则 s_{AID} 为 8 B；如果 AID 为 128 bit，则 s_{AID} 为 20 B。如果 RID 为 32 bit，则 s_{IDMS} 为 8 B；如果 RID 为 128 bit，则 s_{IDMS} 为 20 B。

5.3.2　归属信息更新消息的数量分析

在标识网络映射解析机制中，用户的移动并不会引起归属信息的改变，也就不会触发归属信息的更新消息。只有用户网络改变其归属域，或者用户网络的数量增加或减少时，才会引起归属信息的改变，进而触发归属信息的更新消息。由于归属域的改变必然会引起用户网络与核心网络之间链路的通断，所以现有网络中转接自治系统与端自治系统之间的链路变化情况能够在一定程度上反映用户网络的归属域变化情况。本节利用现有网络中转接自治系统与端自治系统之间的链路通断情况，来分析标识网络映射解析机制中归属信息的更新消息数量。

图 5-11 列出了互联网中所有自治系统之间的链路总数量，以及转接自治系统与端自治系统之间的链路数量。图 5-11 取了 2007 年 7 月 1 日至 2008 年 6 月 1 日之间每天的数据。

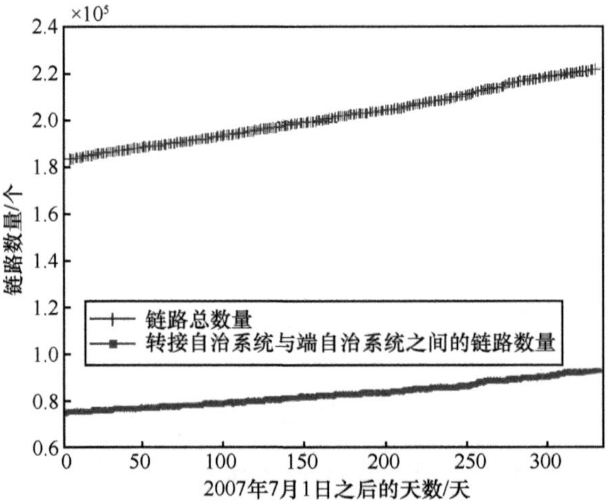

图 5-11　自治系统之间的链路数量变化曲线

图 5-12 描述了从 2007 年 7 月 2 日开始每天与前一天的转接自治系统与端自治系统之间的链路变化情况。以 2007 年 7 月 2 日相对 2007 年 7 月 1 日的链路变化情况为例，在图 5-12 的分析过程中，如果 2007 年 7 月 2 日比 2007 年 7 月 1 日新增加一条转接自治系统与端自治系统之间的链路，链路的数量将会加 1；如果 2007 年 7 月 1 日存在的一条转接自治系统与端自治系统之间的链路在 2007 年 7 月 2 日不再存在，链路的数量也将加 1。因此，当归属域的改变引起用户网络与核心网络的链路通断时，链路的变化情况将会反映到图 5-12 中。当然，链路状态的变化还有可能是链路的故障引起的，所以图 5-12 所描述的链路改变数量可以看作标识网络映射解析机制中归属域改变数量的上界。

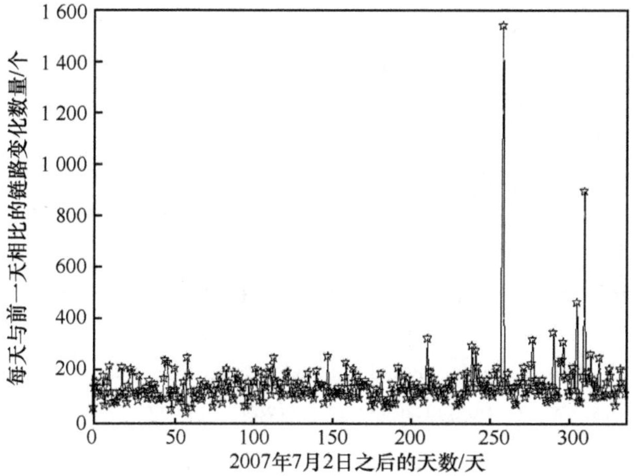

图 5-12　转接自治系统与端自治系统之间的链路变化情况

归属域的改变将引起归属信息的更新消息。从图 5-12 可以看出，每天的归属域的改变数量的上界通常在 300 个以下（最多也不过 1 600 个），这个数量远远低于图 4-10 所示的 BGP 更新消息数量，也证明了之前所提出的归属域的特性之一是变化缓慢。

此外，由于归属域改变必定会引起用户网络与核心网络的链路断开与重新连接，且这个过程会以用户网络与新的归属域签订协议为起始。在这个历时较长的过程中，类似 BGP 的较慢的收敛方式完全可以满足归属域信息更新消息在时延上的需求。

参考文献

[1] CLARK D, BRADEN R, FALK A, et al. FARA: Reorganizing the addressing architecture[C]// Proceedings of the ACM SIGCOMM Workshop on Future Directions in Network Architecture. New York: ACM, 2003: 313-321.

[2] FARINACCI D, FULLER V, MEYER D. LISP alternative topology (LISP-ALT)[EB]. Internet Draft, draft-fuller-lisp-alt-01, 2007.

[3] MATHY L, IANNONE L, BONAVENTURE O. LISP-DHT: Towards a DHT to map identifiers onto locators[EB]. Internet Draft, draft-mathy-lisp-dht-00, 2008.

[4] BRIM S, CHIAPPA N, FARINACCI D, et al. LISP-CONS: A content distribution overlay network service for LISP[EB]. Internet Draft, draft-meyer-lisp-cons-03, 2007.

[5] LEAR E. NERD: A not-so-novel EID to RLOC database[EB]. Internet Draft, draft-lear-lisp-nerd-04, 2008.
[6] 葛国栋, 郭云飞, 兰巨龙, 等. 基于代价函数的动态分布式解析映射机制[J]. 通信学报, 2014, 35(10): 145-153.
[7] 陈冷. 一体化标识网络中映射缓存一致性研究[D]. 北京: 北京交通大学, 2017.
[8] 江海昇. 基于一体化标识网络的多宿终端关键技术研究[D]. 北京: 北京交通大学, 2010.
[9] 张晓. 中标麒麟平台下高性能并发映射服务系统研究[D]. 北京: 北京交通大学, 2016.
[10] MURPHY S. BGP security analysis[EB]. Internet Draft, draft-murphy-bgp-secr-04 (work in progress), 2001.
[11] WHITE R. Architecture and deployment considerations for secure origin BGP (soBGP)[EB]. Internet Draft, draft-white-sobgparchitecture-00 (work in progress), 2004.

第6章 标识网络的移动管理机制

本章主要介绍标识网络中的移动管理机制。首先分析移动管理机制的研究现状，然后介绍标识网络中基于网络的移动管理机制，给出移动切换和位置更新流程，最后讨论标识网络移动管理机制在快速切换、路由优化、可控可管、保护位置隐私和降低无线链路开销等方面的优势。

6.1 现有移动管理机制分析

随着网络技术的快速发展，各种无线网络日益成为互联网的重要组成部分。无线技术的广泛应用必然会派生出移动性问题。然而，目前互联网缺省支持的是“固定、有线”的连接模式。在传统互联网体系结构中，IP 地址的身份与位置双重属性导致互联网难以支持移动性。IP 地址的变化会导致原来建立的连接中断，需要重新建立。

为了支持移动性，因特网工程任务组（IETF）提出了一系列移动性支持协议，包括移动 IPv4（Mobile IPv4，MIPv4）[1]和移动 IPv6（Mobile IPv6，MIPv6）[2]。MIPv4 和 MIPv6 是网络层移动管理机制的代表性协议，部分解决了移动终端在移动过程中的通信持续性问题。

虽然 MIPv4 和 MIPv6 没有明确提出采用身份与位置分离机制，但它们的设计中已经体现出了这种思想。MIPv4 和 MIPv6 引入了家乡地址（Home Address，HoA）和转交地址（Care-of Address，CoA）的概念。移动终端在家乡网络获得家乡地址，当移动到外地网络时，会重新获得转交地址。MIPv4 和 MIPv6 还引入了家乡代理（Home Agent，HA）的概念。家乡代理要始终保存家乡地址与转交地址的对应关系。所有和移动终端的通信都使用家乡地址进行，当目的地址为家乡地址的数据分组被发送到家乡网络时，家乡代理截获这些数据分组，并将这些数据分组封装在目的地址为转交地址的分组头中，然后将这些数据分组转发给移动终端。通过 MIPv4 和 MIPv6 的解决方案，所有的终端都可以在移动后继续使用原有的家乡地址进行通信。通过以上过程可以看出，MIPv4 和 MIPv6 本质上是利用家乡地址表示移动终端的身份信息，利用转交地址代表移动终端的位置信息，并在家乡代理上使用转交地址进行数据分组路由重定向。这也是一定程度上对 IP 地址的身份和位置双重属性的分离，但是并不彻底，这直接导致了 MIPv4 和 MIPv6 存在三角路由的问题。在 MIPv4 中，三角路由问题特别严重。因为移动 IPv4 的架构决定了所有的通信都需要通过家乡代理的帮助来获取转交地址和家乡地址之间的对应关系，这大大降低了路由的效率。移动 IPv6 部分解决了三角路由问题，但是代价是通信对端必须获知移动终端的地址变化，这就将移动终端的拓扑位置信息暴露给了通信对端，同时还提高了对通信对端的要求，需要修改通信对端的协议栈才能实现。

MIPv4 和 MIPv6 存在着移动切换速度慢[3]、三角路由、主机的位置隐私暴露、管理节点（如 HA）的地址暴露给移动主机和恶意第三方等缺点。为了满足移动性的需求，人们对 MIPv4 和 MIPv6 进行了扩展，并提出了一些新的移动性管理机制，最著名的几种包括：快速移动 IPv4（Fast Handover for Mobile IPv4，FMIPv4）[4]、快速移动 IPv6（Fast Handover for Mobile IPv6，FMIPv6）[5]、区域注册移动 IPv4（Mobile IPv4 Regional Registration，MIPv4-RR）[6]、层次移动 IPv6（Hierarchical Mobile IPv6，HMIPv6）[7]、代理移动 IPv4（Proxy Mobile IPv4，PMIPv4）[8]、代理移动 IPv6（Proxy Mobile IPv6，PMIPv6）[9]、蜂窝 IP（Cellular IP，CIP）[10]、HAWAII（Handoff-Aware Wireless Access Internet Infrastructure）[11-12]、CUIP（Cellular Universal IP）[13]和 IP2[14-16]等。

FMIPv4 和 FMIPv6 试图采用二层链路信令触发的方式来减少 MIPv4 和 MIPv6 的切换时延，MIPv4-RR 和 HMIPv6 则通过分等级的移动管理机制来改善 MIPv4 和 MIPv6 的性能。它们的基本思想都是将切换过程中获取 CoA 和注册绑定等工作的时延尽量地减少，从而减少切换的整体时延。作为对 MIPv4 和 MIPv6 的扩展，它们在一定程度上减少了移动切换时延，但是仍然继承了 MIPv4 和 MIPv6 的其他缺陷。

PMIPv4、PMIPv6、CIP 和 HAWAII 都是微移动（在局部网络范围内移动）的解决方案，它们都能够减小移动主机在局部网络范围内移动时的切换时延，但是当主机进行宏移动时仍然需要依靠 MIPv4 或 MIPv6。

MIPv4 和 MIPv6 都是基于主机的移动性管理机制，移动主机必须参与移动管理的整个过程。例如，移动主机每次移动到新的子网后必须获得一个全球唯一的 CoA，还必须通过向 HA 发送绑定更新消息来完成位置更新。MIPv4 和 MIPv6 等基于主机的移动解决方案都遵循了一个基本的设计原则，那就是避免将主机的移动信息注入互联网的路由系统中，也由此导致这些解决方案存在一些共性的缺陷。首先，当跨越子网进行移动时，移动主机需要获得新的 IP 地址，这个过程中的重复地址检测（Duplicate Address Detection，DAD）[17-18]将耗费较长时间；其次，移动后采用新的 IP 地址与通信对端通信时，很容易暴露移动节点的位置信息；最后，在采用基于主机的移动管理方案时，尤其是大量移动节点存在时，ISP 将难以对网络的行为和状态进行有效的控制和管理。

CUIP 是在 CIP 的基础上提出的一种基于网络的移动管理机制。在 CUIP 中，主机无论移动到什么位置都始终采用不变的 IP 地址，这就避免了移动主机获取 CoA 时所产生的切换时延。但是 CUIP 假设所有无线接入网络的顶层核心路由器（Top Level Core Router，TLCR）以网状的方式互联，以对宏移动提供支持，这在实际应用时不易实现。而且，由于 CUIP 无论在宏移动还是微移动时都通过修改路由表来支持移动性，这将加剧互联网的路由可扩展性问题。

IP2 是一种针对第三代移动通信网络提出的基于网络的移动管理机制，但它只是一种单纯的移动管理机制，没有考虑对多家乡、路由可扩展等的支持。

目前，国内外在研究新一代互联网时都将对无线移动的支持作为一个重要的研究方向，意图将移动性支持作为新一代互联网的缺省工作方式。

设计新一代互联网移动管理机制时，必须考虑到如下的设计需求。

① 快速切换。相对于 MIPv4 和 MIPv6 等传统移动管理方案，新的移动管理机制必须能够提供更快的切换速度，以满足未来多种移动业务的需求。

② 路由优化。为了降低数据分组传输时延、减少网络资源开销，新的移动管理机制必须支持良好的路由优化机制。尤其当移动节点远离其家乡网络时，路由优化尤为重要。

③ 可扩展性。随着移动用户的增加和新业务的产生，基于新的移动管理机制的网络应该能够方便地进行扩展，并且网络对移动管理能力和数据传输能力的扩展应该能够独立于用户层面进行。

④ 可控可管。新的移动管理机制必须有利于管理者对网络进行控制和管理，以便维护网络的稳定性和保证用户获得业务的持续性。

⑤ 保护位置隐私。类似于 2.5G、3G 等移动通信技术，新的移动管理机制必须保证通信对端和其他恶意用户无法获知移动用户所处的位置。

⑥ 安全性。新的移动管理机制必须考虑安全性问题，尤其是各种管理节点必须能够抵抗一定的恶意攻击。

⑦ 降低无线链路开销。由于无线链路的资源和移动节点的能源都是相对有限的，新的移动管理机制必须尽可能减少无线链路上的协议消息传输数量和用户数据开销。

本章将从这 7 个方面分析标识网络移动管理机制的有效性。

6.2　基于网络的移动管理机制

6.2.1　移动性支持原理

标识网络采用接入标识与路由标识分离映射机制来进行移动管理[19]，从而将传统 IP 地址的双重属性进行分离。接入标识代表主机的身份，路由标识代表主机的位置，分离映射机制使得主机在移动时仅需进行路由标识的切换，而用于建立传输连接的接入标识在这一过程中保持不变，连接不会被中断[20]。

图 6-1 以终端 A 和终端 B 的通信过程为例说明接入标识与路由标识分离映射对移动性的支持能力。

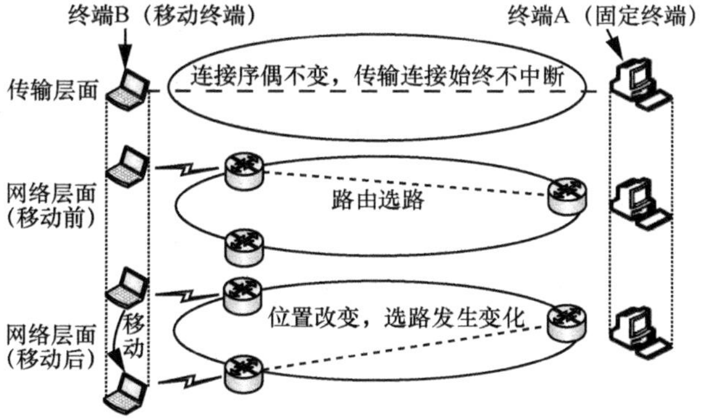

图 6-1　标识网络移动性支持原理示意

图 6-1 中，终端 A 的终端类型为固定终端（ $t=F$ ），接入位置始终为 $l=L_0$ ，其接入标识到路由标识的映射可以表示为

$$\begin{cases}\mathrm{RID_A}(F,L_0)\triangleq\Omega(\mathrm{AID_A}(F),L_0)\\\mathrm{AID_A}(F)\triangleq\Omega^{-1}(\mathrm{RID_A}(F,L_0))\end{cases}\tag{6-1}$$

终端 B 的终端类型为移动终端（ $t=M$ ）。当终端 B 位于初始接入位置 $l=L_1$ 时，接入标识到路由标识的映射可以表示为

$$\begin{cases}\mathrm{RID_B}(M,L_1)\triangleq\Omega(\mathrm{AID_B}(M),L_1)\\\mathrm{AID_B}(M)\triangleq\Omega^{-1}(\mathrm{RID_B}(M,L_1))\end{cases}\tag{6-2}$$

当通信双方进行一次通信时，用连接对来表示这次连接，连接对可以用一个序偶 $<c_u(s),c_v(d)>$ 表示，其中 s 和 d 分别表示本次连接中通信双方终端的身份，u 和 v 分别表示本次连接在终端 s 和终端 d 上的连接号（如通信双方采用的端口号）。这样，当终端 A 与终端 B 进行一次通信时，连接对可以表示为

$$<c_u(s),c_v(d)>\triangleq<c_U(\mathrm{AID_A}(F)),c_V(\mathrm{AID_B}(M))>\tag{6-3}$$

其中，U 、V 分别为终端 A 和终端 B 上的连接号，连接号在一次连接结束之前不会改变。

当终端 B 移动到新的接入位置 $l=L_2$ 时，接入标识到路由标识的映射变化为

$$\begin{cases}\mathrm{RID_B}(M,L_2)\triangleq\Omega(\mathrm{AID_B}(M),L_2)\\\mathrm{AID_B}(M)\triangleq\Omega^{-1}(\mathrm{RID_B}(M,L_2))\end{cases}\tag{6-4}$$

对比式（6-2）和式（6-4）可以发现，当终端 B 位于不同的接入位置时，代表其身份的接入标识 $\mathrm{AID_B}(M)$ 始终保持不变，但终端 B 的路由标识包含了其位置信息，随着终端 B 的移动由 $\mathrm{RID_B}(M,L_1)$ 变化为 $\mathrm{RID_B}(M,L_2)$ 。

在终端 B 的移动过程中，终端 A 和终端 B 已经建立的传输层连接（由式（6-3）表示）并不随着终端 B 的移动而中断，这是因为连接是以通信双方的接入标识和连接号为关键字的，并不含有任何一个终端的位置信息，而通信双方的接入标识和连接号在终端 B 的移动过程中始终保持不变。图 6-1 展示了传输层连接与终端移动之间的关系，接入标识与路由标识分离映射机制对移动性的支持由此体现。

标识网络依靠接入标识与路由标识的分离映射来支持移动性，是一种基于网络的移动管理机制，其切换管理和位置管理主要由网络完成。基于这种设计原理的网络有利于支持用户的快速、大范围移动，同时利于网络管理和控制，并且能够保证用户的位置隐私和降低无线链路开销。

6.2.2 移动检测机制

移动性检测是指检测移动节点是否离开原先的接入位置，而移动到了新位置，是移动节点发现接入的 CAR 发生变化的一个过程。移动性检测分为被动式和主动式。被动式移动性检测指 CAR 周期性地广播 CAR 通告消息，移动节点通过接收 CAR 通告消息并根据消息中的内容判断是否发生了移动；主动式移动性检测是移动节点在链路层切换完成后主动触发广播一个 CAR 通告请求消息，然后再由 CAR 回复一个 CAR 通告消息来实现。

在被动式移动性检测过程中，CAR 通告消息的发送周期是一个关键的因素，直接关系到移动性检测的快慢，进而影响移动切换的时延。由于 CAR 通告消息是以广播的方式在无线链路中传输的，因此如果周期时间太短将会增加无线资源的消耗，而如果周期时间太长则会使切换时延太大，无法满足实时业务的要求。这个发送周期必须均衡考虑无线链路资源与切换时延，标识网络借鉴 MIPv6 的规定，将 CAR 通告消息的发送周期限定在 30～70 ms，具体的发送周期可以根据无线链路的情况进行调整。

CAR 通告消息包含 CAR 的接入标识，移动节点通过比较消息中的接入标识与原先接入的 CAR 的接入标识，判断是否发生移动。被动式移动性检测的具体处理流程如图 6-2 所示。移动终端在无线链路中接收到周期性广播的 CAR 通告，抽取通告中的 CAR 接入标识 AID2，将 AID2 与移动终端原先接入 CAR 的接入标识 AID1 进行比较，如果两个接入标识相同，说明移动终端还是在原来的 CAR 接入，不做任何处理。如果两个接入标识不相同，则说明移动终端已经发生移动，移动终端就会向 CAR 发起接入请求。

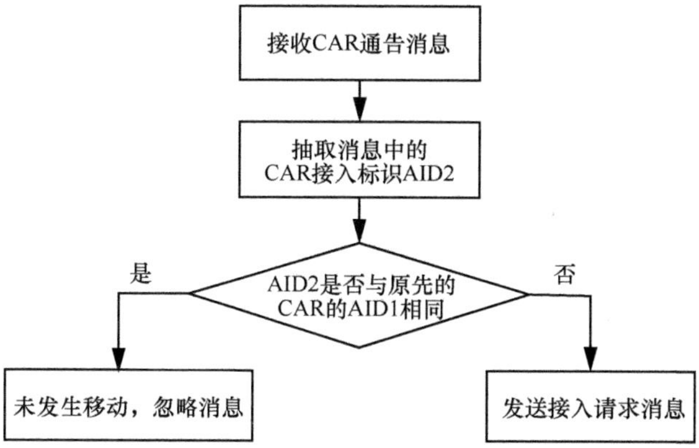

图 6-2 被动式移动性检测的处理流程

主动式移动性检测是移动节点在链路层切换完成以后，主动触发一个 CAR 通告请求消息，用于检测接入的 CAR 是否发生变化，从而判断自己是否发生移动。如图 6-3 所示，移动节点在链路层切换完成以后触发在无线链路中以广播或者多播的方式发送的 CAR 通告请求消息。当 CAR 接收到 CAR 通告请求消息以后，以单播的方式向移动节点发送 CAR 通告消息。移动节点接收到 CAR 通告消息，根据消息中的内容判断是否发生移动，具体的处理过程与被动式移动性检测一样。

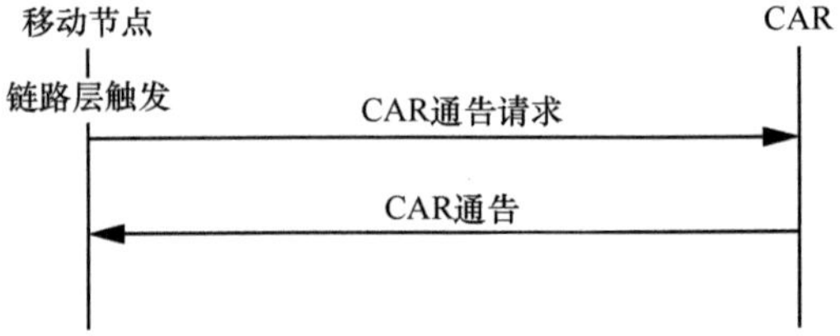

图 6-3　主动式移动性检测

实际上，由于被动式移动性检测与底层链路是完全分开的，而主动式移动性检测必须有底层链路的触发才可以实现，所以主动式移动性检测通常作为被动式移动检测的一种改进技术。例如 FMIPv4 和 FMIPv6 就是采用链路信令触发的方式和一些相应的机制来减少 MIPv4 和 MIPv6 的切换时延，在具体实现时还要根据不同的二层链路技术设计不同的实现方法。因此，本章后面的分析主要针对被动式移动检测，以在与链路层技术无关的情况下比较标识网络移动管理机制与其他移动管理机制的区别。

6.2.3　移动切换流程

图 6-4 展示了标识网络中移动管理机制的基本移动切换流程，当移动节点（Moving Node，MN）离开前一个 CAR（old CAR，oCAR）移动到新的 CAR（new CAR，nCAR）时，① 首先收到 nCAR 的“CAR 通告”消息，其中包含 nCAR 的接入标识；② MN 根据 nCAR 的接入标识判断自己发生了移动，因此向 nCAR 发送“接入请求”消息；③ nCAR 收到 MN 的接入请求消息，经过认证后为 MN 分配新的 <AID，RID>映射信息，并向映射服务器汇报；④ 映射服务器收到 nCAR 的“映射信息汇报”消息后，更新其数据库中 MN 的映射信息，并使用“映射信息更新”消息

将新的映射信息发送给 oCAR；oCAR 收到映射服务器发送的“映射信息更新消息”后，将 MN 的新映射信息记录下来。至此，整个移动切换过程结束。在此过程中，MN 的接入标识始终保持不变，MN 与其通信对端（Corresponding Node，CN）之间的通信不会中断。

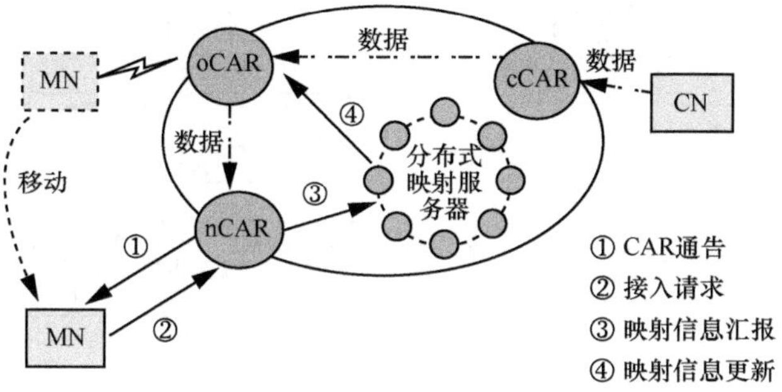

图 6-4　基本移动切换流程

从标识网络的移动切换流程可以看出，在基于网络的移动管理机制中，移动节点所需要做的只是进行移动性检测和发起接入请求，位置更新的主要过程都由网络完成，移动节点不用参与。

6.2.4　位置更新

标识网络移动切换流程中的位置更新过程包括接入请求、映射信息汇报和映射信息更新。其中，接入请求和映射信息汇报不仅在终端移动时发生，固定终端首次接入网络时也要完成这两个操作。

映射信息汇报已经在第 5 章进行了描述，下面主要介绍映射信息更新过程[21]。

映射信息更新指终端移动时映射信息发生变化后，网络将新的映射信息通知存储旧映射信息的实体，以保证原有的通信不会中断。

映射信息更新过程可以分为两种情况，即：终端移动后位于归属域，终端移动后位于外域。下面分别分析这两种情况下的映射信息更新流程。

终端移动后位于归属域的映射信息更新流程如图 6-5 所示。在这种情况下归属映射服务器首先获得终端移动后的映射信息汇报消息，以下为映射信息更新的具体步骤。

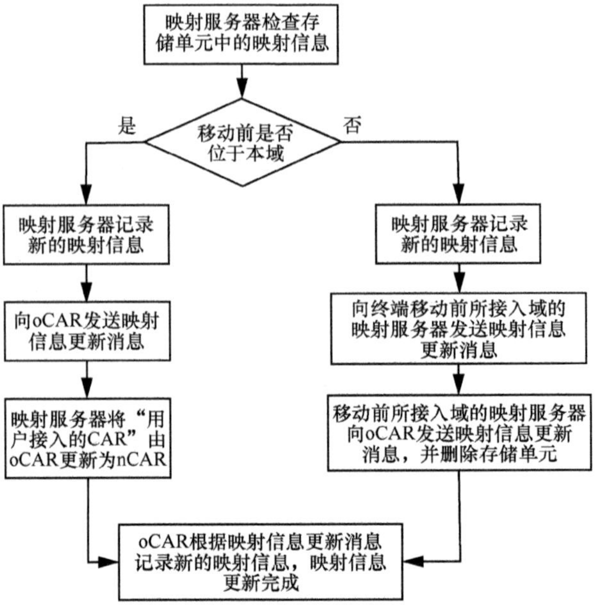

图 6-5　终端移动后位于归属域的映射信息更新流程

① 归属映射服务器收到映射信息汇报消息后，检查存储单元中的映射信息。

② 归属映射服务器判断终端移动前所处的域是否为本域，是，则执行步骤③；否，则执行步骤⑤。

③ 归属映射服务器将终端的映射信息更新为新映射信息，向 oCAR 发送映射信息更新消息，告知它终端新的映射信息，执行步骤④。

④ 归属映射服务器将“用户接入的 CAR”由 oCAR 更新为 nCAR，执行步骤⑦。

⑤ 归属映射服务器将终端的映射信息更新为新映射信息，向终端移动前所处域的映射服务器发送映射信息更新消息，执行步骤⑥。

⑥ 终端的前一个域的映射服务器收到映射信息更新消息后，首先发送映射信息更新消息给 oCAR，之后删除存储单元，执行步骤⑦。

⑦ oCAR 收到映射通知消息之后，并不立即删除旧映射信息，而是将新映射信息存储在旧映射信息之后。当有数据分组按照旧映射信息发送到 oCAR 后，oCAR 根据新映射信息将数据分组转发到 nCAR。

终端移动后位于外域的映射信息更新流程如图 6-6 所示。在这种情况下外域映射服务器首先获得终端移动后的映射信息汇报消息，映射信息存储单元位于外域映射服务器的归属外域表。以下为映射信息更新的具体步骤。

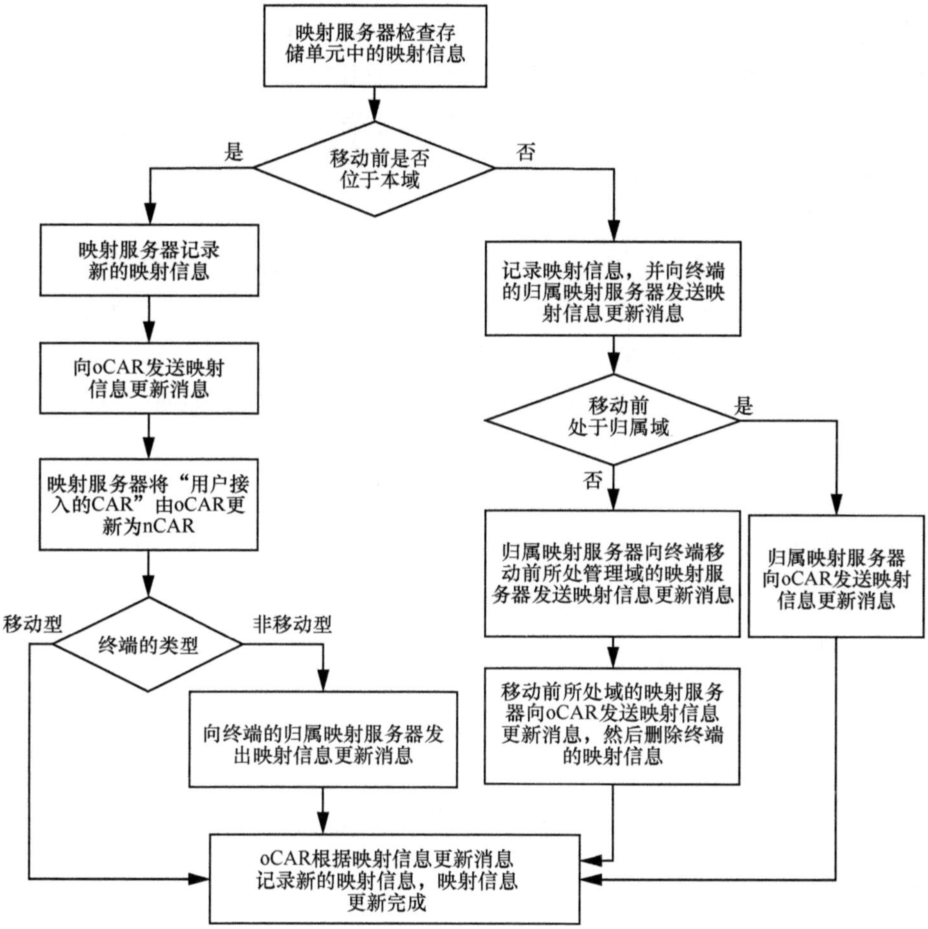

图 6-6　终端移动后位于外域的映射信息更新流程

① 外域映射服务器收到映射信息汇报消息后，检查存储单元中的映射信息，执行步骤②。

② 外域映射服务器判断终端移动前所处的域是否为本域，是，则执行步骤③；否，则执行步骤⑧。

③ 外域映射服务器更新终端的映射信息，执行步骤④。

④ 外域映射服务器发送映射信息更新消息给 oCAR，执行步骤⑤。

⑤ 外域映射服务器将“用户接入的 CAR”由 oCAR 更新为 nCAR，执行步骤⑥。

⑥ 外域映射服务器判断终端的设备类型。如果终端为移动型，则不需要向终端的归属域映射服务器发送映射信息更新消息，因为终端并未跨域移动，所以其归

属域映射服务器保存的终端当前域信息仍然正确，这样能减少大量映射信息更新消息的交互，执行步骤⑬；如果终端为非移动型，则执行步骤⑦。

⑦ 外域映射服务器向终端的归属映射服务器发送映射信息更新消息，映射信息更新消息中包括终端新的映射信息，归属映射服务器保存终端新的映射信息，执行步骤⑬。

⑧ 外域映射服务器存储终端的映射信息，并向终端的归属域发出映射信息更新消息，映射信息更新消息中包括终端新的映射信息以及外域映射服务器的信息。如果终端为非移动型，则归属映射服务器记录终端新的映射信息；如果终端为移动型，则归属映射服务器记录终端新的外域映射服务器信息，执行步骤⑨。

⑨ 归属域映射服务器收到映射信息更新消息后，如果终端移动前所处的域为归属域，则执行步骤⑩；如果终端移动前所处的域不是归属域，则执行步骤⑪。

⑩ 归属域映射服务器向 oCAR 发送映射信息更新消息，执行步骤⑬。

⑪ 归属域映射服务器向终端移动前所处域的映射服务器发送映射信息更新消息，执行步骤⑫。

⑫ 移动前所处域的映射服务器首先发送映射信息更新消息给终端的 oCAR，之后删除映射信息存储单元，执行步骤⑬。

⑬ oCAR 收到映射信息更新消息之后，并不立即删除旧映射信息，而是将新映射信息存储在旧映射信息之后。当有数据分组按照旧映射信息发送到 oCAR 后，oCAR 按照新映射信息将数据分组转发到 nCAR。

6.2.5 路由优化

图 6-4 所示的基本移动切换流程结束后，从 CN 发往 MN 的数据将沿 CN→cCAR→oCAR→nCAR→MN 这样的三角路由路径传输。采用基于数据触发的策略进行路由优化。MN 发生移动后，如果 CN 首先向 MN 发送数据，当 oCAR 收到该数据流的一个数据分组后，检测到 MN 已经移动到 nCAR 处，则通过“CAR 映射信息更新”消息将 MN 的新映射信息发送给当前接入的 CAR（current ACR，cCAR）；如果 MN 首先向 CN 发送数据，当 nCAR 收到该数据流的第一个数据分组后，通过“AR 映射信息更新”消息将 MN 的新映射信息发送给 cCAR。一旦 cCAR 收

到 MN 的新映射信息，从 CN 发往 MN 的数据将沿优化后的路径 CN→cCAR→nCAR→MN 传输。路由优化过程如图 6-7 所示。

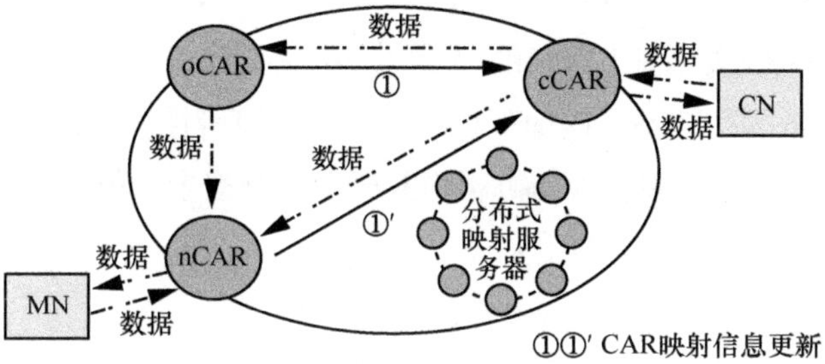

图 6-7　路由优化过程

6.3　基于网络的移动管理机制的优势分析

标识网络中基于网络的移动管理机制优势如下[22]。

（1）可扩展性

在标识网络中，每个映射服务器所管理的网络范围为一个管理域，整个网络由多个管理域组成。标识网络采用的是基于网络的移动管理机制，完成移动管理的主体是映射服务器和核心网接入路由器，它们完全由 ISP 进行管理和维护。由于标识网络采用了分布式映射信息数据库，映射信息数据库由多个管理域的多个映射服务器和核心网接入路由器共同构成，所以标识网络的移动管理结构也是分布式和可扩展的。

一旦移动用户大量增加或典型的新业务产生，ISP 可以通过增加管理域或通过增加映射服务器、核心接入路由器的方式对网络进行及时扩展/扩容。整个扩展/扩容过程都是在网络内部完成的，完全独立于用户所在网络。

（2）可控可管性

在标识网络机制中，固定终端和移动终端在首次接入 ISP 网络时都执行相同的操作，即从 CAR 通告消息中获取当前 CAR 的信息，然后向 CAR 发起接入请求，以便 CAR 和映射服务器为其分配和维护<AID,RID>映射信息。移动节点在移动后从新的位置（新的 CAR）接入 ISP 网络时，所执行的操作与首次接入 ISP 网络时没有任何区别。

移动节点在移动过程中，除了要进行移动性检测和发起接入请求外，其他操作完全由 CAR 和映射服务器完成，而 CAR 和映射服务器均属于 ISP 所控制和管理的设备，因此标识网络这种基于网络的移动管理机制有利于 ISP 维护网络的稳定性和保证用户获得业务的持续性，同时保证网络的可控可管性。与此不同的是，MIPv4 和 MIPv6 等基于主机的移动管理机制均需要主机全程参与位置管理和切换管理过程，不利于 ISP 对网络进行管理和维护。

（3）位置隐私性

在 MIPv6 中，位置隐私性问题主要表现在两个方面：① 通信对端根据移动节点的转交地址可获知移动节点的拓扑位置；② 窃听者根据移动节点的家乡地址可以追踪到移动节点的转交地址，进而获知移动节点的拓扑位置。

对于标识网络中的移动管理机制，由于通信对端仅能获知代表移动节点身份信息的接入标识，而包含移动节点拓扑位置信息的路由标识被隐藏在网络内部，因而通信对端无法获取这些信息。

在用户网络中，标识网络移动管理机制中的窃听者仅能见到移动节点的接入标识，而无法据此追踪到移动节点的路由标识。窃听者无法将移动节点的身份与拓扑位置信息对应起来。

因此，在标识网络的移动管理机制中，移动节点的位置隐私可以得到很好的保护。

6.4 性能评估和分析

6.4.1 移动切换时延分析

本节从移动切换时延的角度将标识网络中的移动管理机制与 MIPv6 进行对比。由于标识网络移动管理机制和 MIPv6 在移动切换时所经历的链路层切换过程相同，所以此处主要针对网络层的切换过程进行对比。

如图 6-8 所示，在 MIPv6 的移动切换过程中，切换时延主要来自 3 个阶段：移动检测、转交地址配置和绑定更新。

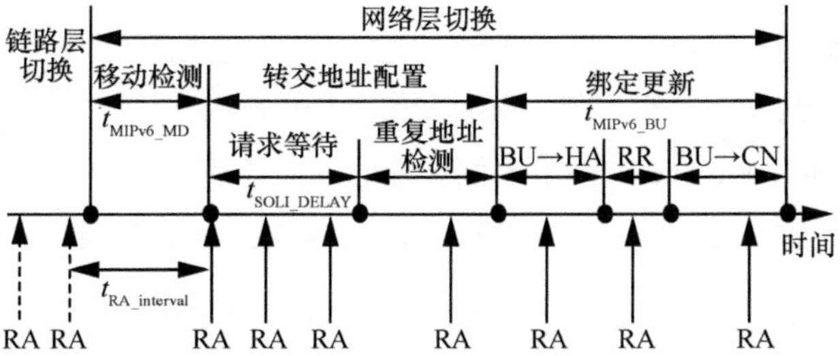

图 6-8　MIPv6 切换过程的时延

一般来说，在 MIPv6 中，MN 通过对路由器宣告（Router Advertisement，RA）消息的检测发现自己移动到了新子网。路由器发送 RA 的时间间隔在 MinRtrAdvInterval 和 MaxRtrAdvInterval 之间随机选择。当链路层切换完成时，在网络层面 MN 处于等待 RA 消息到来的移动检测阶段，因此 MIPv6 移动检测阶段的平均时延为

$$E[t_{MIPv6\_MD}] = \frac{1}{2} \times \left(\frac{\text{MinRtrAdvInterval}}{2} + \frac{\text{MaxRtrAdvInterval}}{2} \right) \tag{6-5}$$

MIPv6 标准建议 MinRtrAdvInterval 和 MaxRtrAdvInterval 分别取 30 ms 和 70 ms，因此在不考虑其他因素的情况下，MN 移动检测阶段的平均时延为 25 ms。

MN 收到 RA 消息后，通过获取新子网的前缀信息，结合有状态或无状态的地址自动配置操作形成新的转交地址，然后使用重复地址检测机制，验证新转交地址的唯一性。为了避免多个 MN 在同一时间对同一转交地址进行重复地址检测，MN 在发送检测请求前需要等待一个随机时间。MIPv6 建议该等待时间在 0 和 MAX_RTR_SOLICITATION_DELAY 之间随机取值，因此 MN 请求等待的平均时延为

$$E[t_{SOLI\_DELAY}] = \frac{\text{MAX\_RTR\_SOLICITATION\_DELAY}}{2} \tag{6-6}$$

RFC 2461[17]建议 MAX_RTR_SOLICITATION_DELAY 取 1 000 ms，所以 MN 在进行重复地址检测前的平均时延可达 500 ms。

转交地址配置过程中的另一个主要时延来源于 MN 等待重复地址检测结果返回的阶段，RFC 2461 建议的时延（RetransTimer）为 1 000 ms。

MIPv6 移动切换过程的最后一个阶段是转交地址的绑定更新过程。MN 首先需要告知其 HA 新的转交地址，然后进行返回路由可达性检验，最后告知其 CN 新的转交地址。绑定更新过程的时延 t_{MIPv6_BU} 主要来自协议消息处理时延和网络传输时

延，当 MN 与 HA 及 CN 的距离较近时，该时延不会对切换过程的时延产生大的影响，但在互联网上，这一部分的时延会造成较大的影响。

综合上述分析，MIPv6 的网络层面切换时延可以表示为

$$E[t_{\text{MIPv6\_handoff}}]=E[t_{\text{MIPv6\_MD}}]+E[t_{\text{SOLI\_DELAY}}]+\text{RetransTimer}+t_{\text{MIPv6\_BU}} \tag{6-7}$$

根据式（6-7）的计算，一般情况下 MIPv6 平均切换时延大于 1 525 ms，因此这种切换性能无法满足实时应用的需求。

如图 6-9 所示，标识网络的网络层切换过程包括两个部分：移动检测（图 6-4 第①步）和位置更新（图 6-4 第②③④步）。其中移动检测与 MIPv6 的移动检测相对应，位置更新与 MIPv6 的绑定更新相对应。由于在移动过程中 MN 的接入标识保持不变，所以标识网络中不需要与 MIPv6 的转交地址配置相对应的步骤。

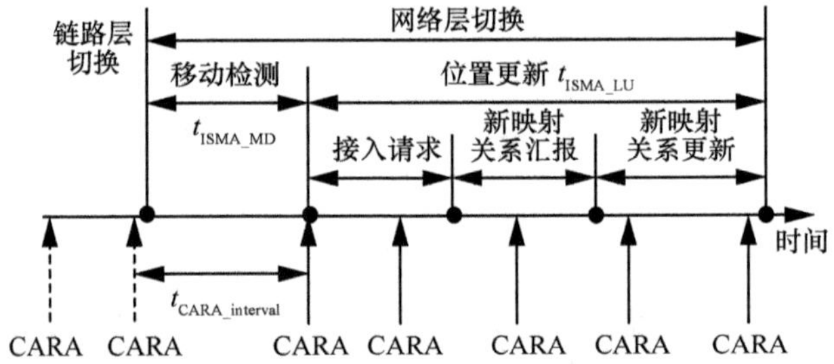

图 6-9　标识网络的网络层切换过程

在标识网络中，MN 通过接收 CAR 通告消息（CAR Advertisement，CARA）判断是否发生了移动切换。不失一般性，设 CAR 通告消息和 MIPv6 的 RA 消息发送频率相同，可以得出

$$E[t_{\text{ISMA\_MD}}]\approx E[t_{\text{MIPv6\_MD}}] \tag{6-8}$$

标识网络的网络层切换过程的第二个阶段是位置更新过程。MN 向 CAR 发送接入请求，CAR 在为 MN 分配映射信息后向 IDMS 汇报，最后 IDMS 将新映射信息发送到 MN 的前一个 CAR。这一过程的时延 $t_{\text{ISMA\_LU}}$ 主要来自协议消息处理时延和网络传输时延。因为 CAR 和 IDMS 全部由网络管理者维护和管理，并且位置相对固定，所以在通常情况下 CAR 和 IDMS 之间会通过高速专用链路（或虚链路）连接。由于标识网络机制中绝大部分协议消息仅需在高速有线链路上传输，而 MIPv6 绝大部分协议消息需要在无线链路上传输，所以一般来说 $t_{\text{ISMA\_LU}}<t_{\text{MIPv6\_BU}}$，标识

网络机制中的位置更新时延不会对整个移动切换时延产生大的影响。

综合以上分析，标识网络的网络层面切换时延可以表示为

$$E[t_{\text{ISMA\_handoff}}] = E[t_{\text{ISMA\_MD}}] + t_{\text{ISMA\_LU}} \tag{6-9}$$

根据式（6-9）的计算，一般情况下，不考虑链路层切换时延，标识网络的网络层移动切换时延的理论值大于 25 ms，远远优于 MIPv6 的切换性能。根据大部分实时应用的移动切换时延忍受程度（150～400 ms），标识网络移动管理机制可以满足这些实时应用的需求。

6.4.2　无线链路开销分析

无线链路资源相对于有线链路资源具有有限性和宝贵性，下面从协议消息开销和用户数据开销两个角度分析标识网络在无线链路上使用时的优越性。

（1）协议消息开销

标识网络采用基于网络的移动管理机制，在移动终端与 CAR 之间的无线链路上传输的协议消息只有 CAR 通告消息和接入请求消息，而 MIPv6 几乎所有的协议消息都需要在无线链路上传输。表 6-1 和表 6-2 分别列出了标识网络和 MIPv6 需要在无线链路上传输的协议消息及其字节数。需要注意的是，MIPv6 中一些不太常用的消息并未在表 6-2 列出，如绑定刷新请求消息（BRR）和绑定错误消息（BE），但这些消息同样要在无线链路上传输。

表 6-1　标识网络在无线链路上传输的协议消息及其字节数

协议消息类型	协议消息的字节数
CAR 通告	56+可选项字节数
接入请求	48+可选项字节数

表 6-2　MIPv6 在无线链路上传输的协议消息及其字节数

协议消息类型	协议消息的字节数
路由器请求（RS）	48+可选项字节数
路由器宣告（RA）	56+可选项字节数
邻居请求（NS）	64+可选项字节数
到 HA 的绑定更新（BU）	52+移动选项字节数

（续表）

协议消息类型	协议消息的字节数
HA 返回绑定应答（BA）	52+移动选项字节数
家乡测试初始消息（HoTI）	56+移动选项字节数
转交测试初始消息（CoTI）	56+移动选项字节数
家乡测试消息（HoT）	64+移动选项字节数
转交测试消息（CoT）	64+移动选项字节数
到 CN 的绑定更新（BU）	52+移动选项字节数
CN 返回绑定应答（BA）	52+移动选项字节数

根据表 6-1 和表 6-2，在一次正常的移动切换过程中，标识网络机制需要在无线链路传输的协议消息条目 $t_{\text{ISMA\_MsgNum}}=2$，协议消息的字节数之和 $t_{\text{ISMA\_MsgSize}}\geqslant 104$；MIPv6 机制需要在无线链路上传输的协议消息条目 $t_{\text{MIPv6\_MsgNum}}=11$，协议消息的字节数之和 $t_{\text{MIPv6\_MsgSize}}\geqslant 616$。

考虑到未列入表 6-2 的 MIPv6 协议消息，标识网络和 MIPv6 在无线链路上传输的协议消息条目的比值如式（6-10）所示，协议消息字节数之和的比值如式（6-11）所示。

$$\frac{t_{\text{ISMA\_MsgNum}}}{t_{\text{MIPv6\_MsgNum}}}\leqslant\frac{2}{11}\approx 18.18\% \tag{6-10}$$

$$\frac{t_{\text{ISMA\_MsgSize}}}{t_{\text{MIPv6\_MsgSize}}}\leqslant\frac{104}{616}\approx 16.88\% \tag{6-11}$$

由式（6-10）和式（6-11）可以看出，标识网络在无线链路上的协议消息开销远远低于 MIPv6。较少的无线链路协议消息开销除了能够有效地降低无线链路资源消耗以外，还可以避免低速无线链路上的消息传递缓慢的问题，从而有效提升低速无线环境下的移动切换性能。此外，发送较少的协议消息还能够节省移动节点的能源消耗，提高移动节点的生存时间。

（2）用户数据开销

标识网络采用标识替换的方式传输用户数据，MIPv6 采用隧道或增加 IPv6 扩展报头的方式传输用户数据。

在 MIPv6 机制中，如果采用隧道方式传递用户数据，则需要给每个数据分组封装一个长度为 40 B 的 IPv6 报头；如果采用路由优化方式，则需要给每个数据分组增加一个长度为 24 B 的路由报头。

据统计，在互联网上传输的所有数据分组中，长度在 1 500 B 以下的占近 100%，长度在 552 B 以下的占 75%以上[23]。按照 1 500 B 计算，MIPv6 隧道方式和路由优化方式给互联网增加的流量比率分别为 40/1 500≈2.67%和 24/1 500=1.6%；按照 552 B 计算，MIPv6 隧道方式和路由优化方式给互联网增加的流量比率分别为 40/552≈7.25%和 24/552≈4.35%。

在标识网络机制中传递用户数据时采用的是标识替换的方式，即在 CAR 上将数据分组的源和目的由接入标识替换为路由标识。在标识替换过程中并不会为数据分组增加长度，所以不会给互联网带来额外的流量开销。

由以上分析可知，在用户数据的传输过程中，MIPv6 机制会导致无线链路以及整个互联网上数据流量开销的增长，而标识网络机制不会增加任何数据流量开销。

参考文献

[1] PERKINS C. IP mobility support for IPv4 (revised)[EB]. Internet Draft, draft-ietf-mip4-rfc3344bis-06, 2008.

[2] JOHNSON D, PERKINS C, ARKKO J. Mobility support in IPv6[R]. RFC 3775, 2004.

[3] NAKAJIMA N, DUTTA A, DAS S, et al. Handoff delay analysis and measurement for SIP based mobility in IPv6[C]//IEEE International Conference on Communications. Piscataway: IEEE Press, 2003, 2: 1085-1089.

[4] KOODLI R, PERKINS C E. Mobile IPv4 fast handovers[R]. RFC 4988, 2007.

[5] KOODLI R. Mobile IPv6 fast handovers[R]. RFC 5268, 2008.

[6] FOGELSTROEM E, JONSSON A, PERKINS C E. Mobile IPv4 regional registration[R]. RFC 4857, 2007.

[7] SOLIMAN H, CASTELLUCCIA C, EL MALKI K, et al. Hierarchical mobile IPv6 mobility management (HMIPv6)[R]. RFC 4140, 2005.

[8] WAKIKAWA R, GUNDAVELLI S. IPv4 support for proxy mobile IPv6[EB]. Internet Draft, draft-ietf-netlmm-pmip6-ipv4-support-03, 2008.

[9] GUNDAVELLI S, LEUNG K, DEVARAPALLI V, et al. Proxy mobile IPv6[EB]. Internet Draft, draft-ietf-netlmm-proxymip6-18, 2008.

[10] VALKÓ A G. Cellular IP: A new approach to Internet host mobility[J]. ACM SIGCOMM Computer Communication Review, 1999, 29(1): 50-65.

[11] RAMJEE R, LA PORTA T F, THUEL S, et al. HAWAII: A domain-based approach for supporting mobility in wide-area wireless networks[C]//Proceedings of the 7th International Con-

ference on Network Protocols. Piscataway: IEEE Press, 1999: 283-292.
[12] RAMJEE R, VARADHAN K, SALGARELLI L, et al. HAWAII: A domain-based approach for supporting mobility in wide-area wireless networks[J]. IEEE/ACM Transactions on Networking, 2002, 10(3): 396-410.
[13] LAM P P, LIEW S C, LEE J Y B. Cellular universal IP: A low delay mobility scheme based on universal IP addressing[C]//Proceedings of the 8th ACM International Symposium on Modeling, Analysis and Simulation of Wireless and Mobile Systems. New York: ACM, 2005: 323-332.
[14] YUMIBA H, IMAI K, YABUSAKI M. IP-based IMT network platform[J]. IEEE Personal Communications, 2001, 8(5): 18-23.
[15] OKAGAWA T, NISHIDA K, MIURA A. A proposed routing procedure in IP/sup 2[C]//IEEE 58th Vehicular Technology Conference. Piscataway: IEEE Press, 2003, 3: 2083-2087.
[16] NISHIDA K, ISOBE S, YAGYU T, et al. Implementation and evaluation of a network-controlled mobility management protocol (IP/sup 2/MM): Performance evaluation compared with mobile IPv6[C]//IEEE Wireless Communications and Networking Conference. Piscataway: IEEE Press, 2005, 3: 1402-1408.
[17] NARTEN T, NORDMARK E, SIMPSON W. Neighbor discovery for IP version 6(IPv6)[R]. RFC 2461, 1998.
[18] THOMSON S, NARTEN T. IPv6 stateless address autoconfiguration[R]. RFC 2462, 1998.
[19] 董平，杨冬，秦雅娟，等. 新一代互联网移动管理机制研究[J]. 电子学报，2008，36(10): 1916-1922.
[20] DONG P, ZHANG H, LUO H, et al. A network-based mobility management scheme for future Internet[J]. Computers & Electrical Engineering, 2010, 36(2): 291-302.
[21] 邱峰. 一体化标识网络移动性管理关键技术研究[D]. 北京：北京交通大学, 2012.
[22] ZHANG H, DONG P, QUAN W, et al. Promoting efficient communications for high-speed railway using smart collaborative networking[J]. IEEE Wireless Communications, 2015, 22(6): 92-97.
[23] CLAFFY K, MILLER G, THOMPSON K. The nature of the beast: Recent traffic measurements from an Internet backbone[EB].

第 7 章

标识网络普适服务技术

鉴于传统互联网在服务资源描述、获取过程及服务应用等方面存在的不足，本章首先对标识网络下基于服务标识的统一描述、注册、维护以及获取机制进行介绍，有效解决服务的可扩展问题，接着介绍服务过程中自适应连接机制，最后对新的服务获取机制对传统应用的兼容性进行分析，提出基于扩展传统套接口的兼容机制，为网络应用的过渡提供基础。

7.1 现有服务获取机制分析

自 20 世纪 70 年代以来，互联网规模不断发展壮大，时至今日，互联网的应用已遍布全球，其发展成就足以将其归为有史以来最为成功的技术行列。然而，随着信息网络技术的进一步发展以及人们对网络通信需求的不断增长，网络服务的类型和方式也日趋多样化。根据中国互联网络信息中心 2019 年 8 月发布的第 44 次《中国互联网络发展状况统计报告》[1]，我国的互联网应用已经发展到即时通信、网络引擎、网络新闻、网络视频、网络购物、网络支付、网络音乐、网络游戏、网络文学、网络预订、网络直播、网络约车、在线教育等多个方面，且大部分应用的半年增长率超过 6%，以搜索引擎为例，截至 2019 年 6 月，我国搜索引擎用户规模达 6.95 亿，较 2018 年年底增加 1 338 万[2]，而随着物联网和云计算的迅猛发展，传感网络服务和基于网络的云计算服务更将大大增加现有网络服务的数量和种类。然而，在当前的网络服务架构状态下，这些针对特定应用环境、特定终端而开发的特定类型网络服务存在着诸多问题，例如相互兼容性差、难于统一规范管理等，这些都与当前业务融合的需求和发展趋势相违背。

深入剖析当前互联网的构成，不难发现当前互联网中存在着各种不同的网络应用，如文件传输、网页应用、电子邮件、网络电话等，而每一种网络应用都需要不同的服务系统，并且不同的系统、不同的终端都需要不同的应用程序。传统互联网这种对不同网络应用的支撑模式使得彼此间的互操作性很差，易产生资源浪费、使用效率低下等问题，也给网络服务系统的可扩展带来很大的困难。究其原因，不难发现在网络应用层面，传统互联网缺乏对服务资源的统一描述，导致对于不同的网络应用只能分别定义自己的描述格式、设计各自不同的获取过程。

近年来，点对点（Peer-to-Peer，P2P）[3]业务发展迅猛，并在互联网流量中占据了很大比重[4-6]。这种现象隐含地说明，当前的服务需求越来越多地关注网络资源或数据本身，而对资源或数据所处的主机位置不太介意。但是在传统的互联网体系中，所有服务的设计都是面向主机的，即用户要想获得某种服务资源或数据时，需要首先找到该资源或数据的位置（即 IP 地址），然后再到具体的位置去获取服务。在这种面向主机位置的服务获取方式下，当服务器失效或者资源数据被删除、剪切移动后，服务获取将遭遇失败。

向信息中心网络发展、为用户提供面向服务的资源获取，已成为当前网络服务架构研究的发展趋势[7-10]。信息中心网络从根本上解决了传统互联网中存在的诸多问题，如低下的资源利用率、动态的蜂拥而至的突发访问问题[11]、分布式拒绝服务（DDoS）攻击问题[12]以及传统网络以主机为中心的安全机制缺陷（加密数据传输信道和服务认证为传统安全机制，这些机制无法实现对来自不信任服务器的服务数据的认证）。目前信息中心网络研究尚处于起步阶段，其核心内容之一是服务的命名和解析机制研究。

此外，在传统互联网中，以统一资源定位符（URL）[13-14]为代表的对网络服务资源的描述，不足以反映网络资源在获取过程中所需要的连接需求信息（如服务资源的类型、数据大小、带宽需求、可选的传输协议等），这导致传统互联网在网络服务获取过程中，很难提供有效的服务质量保证以满足网络服务的需求，因此现有互联网也就很难为多样化的融合业务提供一个统一的普适服务平台。

因此，研究一种可以灵活支持多样化服务的普适服务机制，以提高网络资源的规范性、可控可管性、可用性和可靠性，成为当前网络服务研究最为重要的组成部分。国内外众多的研究者从不同的角度出发，给出了不同的解决方案。统一资源名称（Uniform Resource Name，URN）[15]给出一种不依赖网络位置的永久标识网络资源的机制；主机标识协议（HIP）采用扁平和自认证的标识代表终端本身，而没有描述服务资源本身；文献[16]给出了一种基于 DHT 的永久资源标识解析机制；动态域名解析（DDNS）给出了将网络资源标识映射到动态网络地址的方法，使得网络资源在发生位置变化时，用户仍能够及时找到对应的网络资源；文献[17]给出了动态网络下资源的解决方案；文献[7]提出了基于名字的路由机制；文献[18]给出了基于 DHT 的服务资源注册及解析方法，但节点本身资源的任何变化将由服务资源映射系统维护，造成网络开销过大。此外，I3[19]、TRAID[20]、IPNL[21]、NDN 等在服务资源的获取方面也各具特点。

在以上研究优势的基础上，本节提出一种标识网络架构下面向资源或服务本身的服务获取机制，解决服务资源的统一规范管理、服务资源移动性以及安全性等方面的问题，并且通过分析与性能评估验证了新机制的可行性。

7.2 标识网络服务获取机制

7.2.1 服务标识的定义与生成

在标识网络架构中，普适服务层的设计目的是给用户提供更加友好、可靠的服务；而服务资源的命名和标识是为了给网络应用提供更好的服务接口，以统一灵活的方式进行网络资源的描述和传输。因此，标识网络中服务资源的标识设计主要考虑服务的可扩展性、灵活性和安全性。服务标识的可扩展性是指新的服务标识空间不仅能描述已经存在的网络资源和服务，而且能够应对网络服务资源和类型的不断增长，并且在很长一段时期内能够满足对潜在出现的资源和服务的标识需求。服务标识的灵活性是指网络资源和服务的标识应该标识网络资源和服务自身，不应随时间或网络资源和服务位置的变化而变化，从而为不同种类的终端和网络应用提供更加一致的、友好的网络资源和服务接口。服务标识的安全性是指网络服务标识永久不可否认，并且唯一代表特定网络资源或服务，从而为网络服务的安全和获取提供可靠的基础。

综合考虑服务标识的以上 3 个方面的需求，在标识网络的服务系统设计中，服务标识具有以下两个特性：首先服务标识能用来表示唯一的网络资源，如文件、网页、特定服务等；其次服务标识是网络资源的永久标识，不随时间以及资源位置的变化而变化。基于这两个特性，本节设计的服务标识采取对网络资源或服务进行一致性哈希运算的方式生成，其哈希值位数的大小决定了服务标识空间可容纳的网络资源和服务的数量。具体位数的设置将在后面的分析中给出，此时我们假设哈希运

算值大小为 n bit。通常哈希运算具有扁平化特征，这种特征满足了服务对永久、唯一标识，且与时间、位置无关的设计的需求。

在标识网络中，服务标识生成的过程为

$$\mathrm{SID} = \mathrm{Hash}(\mathrm{PKEY},\mathrm{NAME}[\mathrm{Abstract}][\mathrm{Content}]) \qquad (7\text{-}1)$$

式（7-1）中[*]中的*为可选内容（即 Abstract 和 Content 为可选内容）。参数 PKEY 是网络资源或服务发布方公布的公钥，在服务标识注册和解析的过程中用于检验服务标识信息的正确性、完整性；NAME 代表网络资源或服务的名称；Abstract 为网络资源或服务的摘要或解释信息，可根据具体的网络资源和服务类型进行选择；Content 为网络资源或服务的全部内容，同样可根据具体的网络资源和服务类型进行选择。

在服务标识的生成过程中，将 Abstract 和 Content 设为可选内容，主要是因为实际网络可以提供的网络资源和服务的类型不同，有的需要摘要描述，有的不需要摘要描述，有的存在内容本身，有的则不存在。例如，对应以文件形式等存在的网络资源或服务（如一首歌曲、一部电影、一篇文档等），服务标识的生成过程将包括网络资源和服务的内容；对应潜在存在资源数据的网络资源或服务，由于无法预先获取其内容，最多只能进行描述（如一场实时转播的球赛），服务标识的生成过程将没有内容的参与；而对其他众人皆知的网络服务（如语音电话、电子邮件等），由于其资源数据本身未知，所以没有必要描述该类服务的摘要，因此这类服务标识的生成过程就没有摘要和内容的参与。图 7-1 给出了不同类型服务标识的生成过程示意。

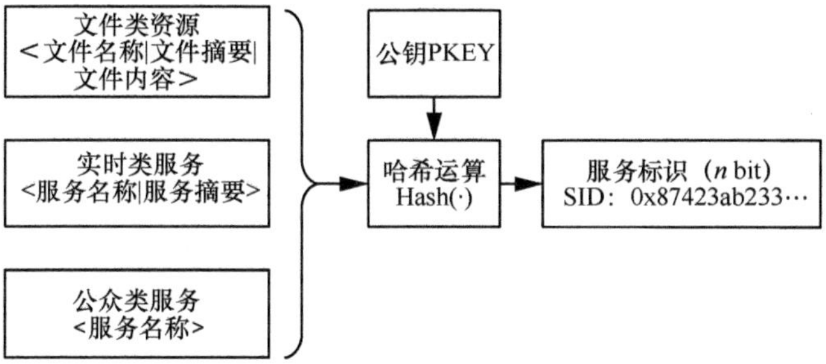

图 7-1　服务标识生成过程示意

在实际的网络服务提供的过程中，由于市场竞争机制的存在，对于实时类服务或者公众类服务，有时需要对不同服务提供商提供的网络服务进行区分。此时只需要将服务名称进行扩展，表达为<服务名称|服务提供商>[服务摘要]的形式即可实现。下面举几个简单的例子说明。

- 实时电视节目：<新闻频道|中央电视台>[介绍]。
- 电子邮件：<电子邮件|谷歌>。
- 语音电话：<语音电话|中国移动>。
- 即时消息：< QQ 聊天|腾讯>。

服务标识的设计使得网络资源或服务有了永久、唯一的标识，但是平面化、无语义的哈希值无法描述不同网络资源或服务之间的区别，给用户在获取服务过程中网络资源的分配以及服务标识到连接标识的映射带来困难。为此，在服务标识生成的同时，还需要其他辅助信息的生成。表 7-1 给出了完整的服务标识信息单元的构成格式样例。

表 7-1　服务标识信息单元的构成格式样例

服务标识*	0x87423ab233…（n bit）	
服务名称*	Service Name	
服务摘要	This is an example of SID information	
关键词	example, SID, structure	
公钥*	PKEY	
类型	File	
提供方*	接入标识*	限制规则
	AID 1	RULE 1
	AID 2	RULE 2
	⋮	⋮
	AID x	RULE x
服务质量	[bandwidth, delay, jitter, …]	
有效时间	2008.2.1 00:00:00—2015.2.1 00:00:00	

对于特定网络资源或服务来说，标记“*”的字段是必需的，而其他字段的内容并不需要完全具备，如果没有特殊需求，可以按默认设置对待。以下是对表 7-1 中服务标识信息单元中各个字段的解释。

- 服务标识：n bit 的网络资源或服务的哈希值。
- 服务名称：网络资源或服务的名称。
- 服务摘要：网络资源或服务的简单介绍信息，默认值为无。
- 关键词：网络资源或服务的关键词信息，默认值为无。
- 公钥：网络资源或服务的发布方提供的该服务标识的公钥。
- 类型：网络资源或服务的类型，默认类型为文件类型。

- 提供方：提供该网络服务的服务节点。
- 接入标识：服务节点提供服务使用的接入标识，至少提供一个。
- 限制规则：服务节点附加的针对每个接入标识的限制条件，默认值为无。
- 服务质量：该网络服务在获取过程中需要的服务质量（QoS）保障条件，默认值为无。
- 有效时间：该网络资源或服务的有效生存时间，默认值为永久。

7.2.2　服务标识的注册与维护

在本书设计的标识网络服务系统中，所有网络资源和服务索引都通过服务标识解析系统进行统一管理和维护。当服务节点想提供某个网络资源或服务时，该服务节点必须在服务标识解析系统中注册该网络资源或服务的服务标识信息，才能被其他的网络用户查询和使用。

如图 7-2 所示，服务标识解析系统分为两部分：一是节点本身的服务标识代理；二是分布式服务标识解析服务器。其中，节点本身的标识服务代理负责维护该节点所有对外提供的网络资源和服务的信息，包括该网络资源和服务在系统中的位置、服务提供所需的网络服务程序等，同时负责完成与上层服务器间关于服务标识信息的注册、维护和查询等；而分布式服务标识解析服务器负责在全网范围内维护由各服务节点注册的网络资源和服务的服务标识信息，并将来自不同节点的相同网络资源和服务信息进行耦合，以便向用户提供查询解析服务。

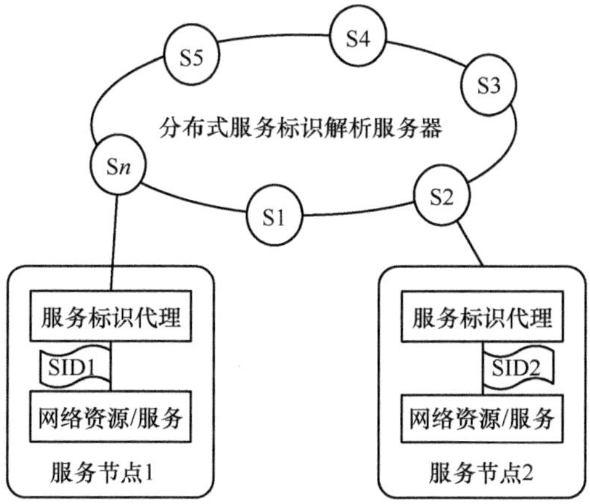

图 7-2　服务标识解析系统结构

下面以实例阐述一个具体的网络服务的注册过程。如图 7-3 所示，假设服务节点 1 需要将自己提供的一个网页文件 index.html 注册到服务标识解析系统，其注册过程如下。

① 服务节点 1 通过必要的服务标识应用程序，根据 7.2.1 节中服务标识的生成方法计算得出网页文件的服务标识 SID1。

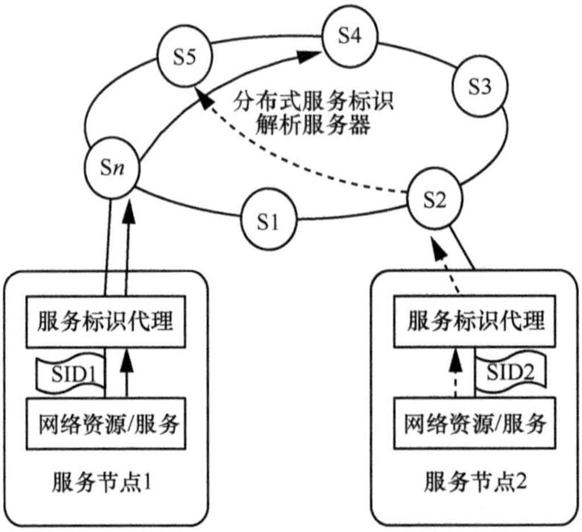

图 7-3 服务标识注册过程示意

② 服务节点 1 利用服务标识应用程序产生的 SID1，构造完整的服务标识信息单元，同时将网页文件所处的位置 POS1、提供该网页文件浏览时采用的服务端程序 APPl 等信息注册到服务节点 1 本身的服务标识代理。

③ 服务节点 1 上的服务标识代理将服务标识 SID1 信息单元保存，并向服务节点 1 设置的上级服务标识解析服务器发送服务标识 SID1 的注册请求（如果服务节点 1 设置了上级服务标识解析服务器则发送请求；否则，不发送该请求）；同时，服务标识代理开始根据注册的网页文件的位置信息 POS1，监控文件 index.html 的状态变化。

④ 假设服务节点 1 设置了上级服务标识解析服务器 S*n*，则当 S*n* 接收到服务节点 1 发送的服务标识注册请求后，将检查服务节点 1 是否具备注册权限。如果是，则服务器 S*n* 返回注册响应，此时服务节点 1 的服务标识代理在接收到注册响应后，完成服务标识 SID1 的注册；如果服务节点 1 没有注册权限，则 S*n* 将会丢弃来自服务节点 1 的服务标识注册请求。

⑤ 服务器 S*n* 在接收到服务节点 1 注册的服务标识 SID1 信息单元后，将通过必要的分布式算法，在整个分布式服务器中存储服务标识 SID1 的信息单元（设最终存储在服务器 S4）。

至此，服务节点 1 提供的网页 index.html 就可以被其他的主机节点进行解析查询了。利用同样的方法，可以将服务节点 2 提供的服务标识 SID2 注册到对应的服务标识代理、服务器 S2 以及 S5 中。分布式服务标识解析服务器中保存相同服务标识信息单元的数量与采用的具体算法以及参数相关，在此不作过多说明。

在服务标识注册的过程中，服务标识代理以及服务器在遇到相同服务标识的情况下，需要将来自不同注册源的注册信息进行合并。服务器需要操作的是将提供方的接入标识以及限制规则进行扩展，服务标识代理则需要记录和监控不同的网络资源以及相应的服务响应程序。

服务节点在完成服务标识的注册后，还需要对自己注册的服务标识进行维护，以便其他主机节点解析到的服务是正确和有效的。这些维护的内容包括资源位置移动、网络应用更改、接入标识变化、限制规则变动、有效期限更改、网络服务撤销等。但只有当服务标识信息单元中所对应的条目发生变化以及服务节点撤销该网络服务时，才会令上级服务标识解析服务器完成更新操作，而网络资源的位置以及提供网络服务的响应程序的变化的更新将止于服务标识代理。

7.2.3　服务标识的解析

在现有的互联网使用过程中，按照人们的习惯，一个人不可能记住所有的网络资源和服务的网络链接或其对应的服务器的 IP 地址，而通常需要利用内嵌于网络应用中的信息，或借助于 DNS，甚至依靠第三方搜索引擎（如谷歌、百度等）来获得自己需要的网络资源和服务。在标识网络下，人们同样不可能记住所有网络资源和服务的服务标识及附属信息，更何况服务标识本身就不具备可读性，因此服务标识的解析需要借助于服务标识解析系统完成。服务标识解析系统负责将用户提出的基于关键词的服务转换成具体的服务标识，或者直接完成来自用户针对指定服务标识的解析查询，最终将相应的服务标识及其附带的其他辅助信息一并解析给用户。

图 7-4 给出了特定服务标识的解析过程（假设用户欲通过主机节点 1 浏览网页文件 index.html）。

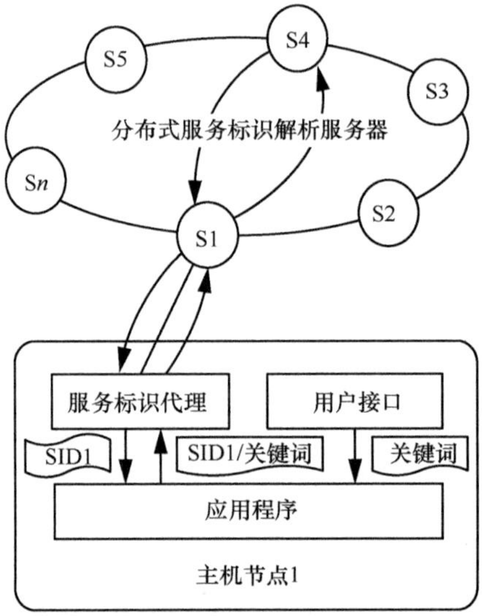

图 7-4　服务标识解析过程示意

用户在获取网络服务前（即浏览网页文件 index.html 之前），由于不知道 index.html 的内容，而只能通过关键词检索的方式进行服务标识的解析。具体的解析过程如下。

① 用户应用程序的用户接口输入欲获取网络资源或服务的关键词。

② 对应的网络应用程序构建必要的服务标识解析查询消息（含有用户提出的关键词），发送到主机节点 1 本机自身的服务标识代理。

③ 服务标识代理首先在自己的记录表中和缓存中搜索该节点提供的网络服务是否可以匹配关键词。若匹配，则返回应用程序对应的服务标识及附属信息，针对该关键词的服务标识解析完成；否则，服务标识代理将向上级服务标识解析服务器 S1 递归进行查询。

④ 服务器 S1 利用分布式算法最终将该解析请求发送到服务器 S4。

⑤ 服务器 S4 检索匹配到对应的服务标识条目，并根据该服务标识条目中的限制条件，将选取允许主机节点 1 访问的服务标识的信息，并将选取的结果返回服务器 S1。

⑥ 服务器 S1 得到解析响应后，再转发给主机节点 1 的服务标识代理。

⑦ 主机节点 1 的服务标识代理将缓存该条目，并将其递交给应用程序，至此解析过程完成。

用户在获取网络服务的过程中，也可能直接利用绑定在应用程序中的固定的服务标识，但此时应用程序拥有的服务标识信息可能不全，从而不足以完成后续的连接获取过程，仍然需要通过该服务标识精确解析其附属信息，其过程与上述过程类似，此处不再赘述。

当用户通过关键词解析获得某个网络资源或服务的服务标识或者通过相应的网络应用直接进行服务标识的解析后，就可以发起服务的连接获取过程了。

7.2.4　性能评估与分析

（1）可扩展性分析

为了能够描述网络中可提供的所有网络资源和服务，且使得网络服务类型和数量具有足够的扩展性，服务标识应该具备足够的空间，使得每个资源和服务对应唯一的服务标识。据统计，2020 年 3 月谷歌搜索引擎已经索引到超过 650 亿个不同的网页[22]。按照中国互联网络信息中心的统计报告，到 2018 年 12 月，中国互联网网页的数目已经达到了 2 816 亿个，较 2017 年年底增长 8.2%[23]。

从以上的统计数据可以看出信息的增长速率服从指数增长的规律。假设当前存在的网络链接的数目等同于网络资源和服务的数目，其数值假定为 10^{15}，如果服务标识空间可容纳此数目的网络资源和服务，则服务标识的比特位数 n 满足

$$2^n \geqslant 10^{15} \tag{7-2}$$

由式（7-2）可得 n 的取值应该大于 50。在本节给出的服务标识的定义中，通过选取较大比特数（如 SHA-1 为 160 bit）的哈希运算函数，即可很容易满足服务标识在空间大小扩展方面的需求。

（2）可行性分析

为了验证服务标识解析系统的可行性，此处建立一个评估模型，用来对本节提出的服务标识解析系统的链路开销进行评估。本节设计的服务标识解析系统的链路开销主要有 3 部分：一是分布式服务标识解析系统内的维护开销，称之为固有开销；二是主机节点查询，即网络中每个用户节点的解析请求所引起的链路开销，称之为解析开销；三是新的服务标识的产生以及服务节点对原有服务标识的更新带来的开销，称之为更新开销。

为了便于描述，表 7-2 列出服务标识解析系统可行性分析相关的符号及含义。

表 7-2　服务标识解析系统可行性分析相关符号及含义

符号	含义
L	单台服务器链路带宽的总开销（bit/s）
L_i	单台服务器链路带宽的固有开销（bit/s）
L_r	单台服务器链路带宽的解析开销（bit/s）
L_u	单台服务器链路带宽的更新开销（bit/s）
N	服务标识解析系统中服务器节点数目（个）
m	服务器间状态维护数据分组平均大小（B）
f	服务器间状态维护频率（次/秒）
N_p	全网用户节点数目（个）
r	单用户节点服务标识解析请求到达率（个/秒）
r_1	服务标识解析请求数据分组平均大小（B）
r_2	服务标识解析响应数据分组平均大小（B）
u	服务标识解析更新数据分组平均大小（B）
N_u	每天全球服务标识更新数据量（B）
$\max(x,y)$	取参数 x 和参数 y 的最大值

在服务标识解析系统中，假设其中的服务器平均负担来自用户节点的解析请求以及每天发生的服务标识更新，则单台服务器链路带宽的总开销 L 可计算如下。

$$L = L_i + L_r + L_u = 8\times\left[mf\ \mathrm{lb}\ N + \frac{N_p r \max(r_1, r_2)}{N} + \frac{N_u u}{24\times 3\,600\times N}\right] \tag{7-3}$$

根据作者对网络日志的统计分析以及平时的经验数据，将式（7-3）中的参数值分别设为：$m=128$，$f=\frac{1}{300}$，$N_p=10^{10}$，$r_1=512$，$r_2=1\,024$，$N_u=10^{10}$，$u=512$。由式（7-3）可得到单台服务器链路带宽的总开销与服务器节点数目的关系，如图 7-5 所示。

由图 7-5 可以看出，假设每台服务器的链路带宽为 1 Gbit/s，当平均每台服务器链路带宽的总开销达到其承受能力的 50%时，在用户节点的到达率分别为 1/800、1/60、1 时，需要的服务器数目分别接近 300、1 300、110 000。为了满足峰值请求以及链路冗余的需求，选取服务器节点数为 10^6。在全网部署 10^6 个分布式服务标识解析服务器，相当于每拥有 10^4 个用户节点的区域范围需要部署一台服务器，这在理论上是可行的。

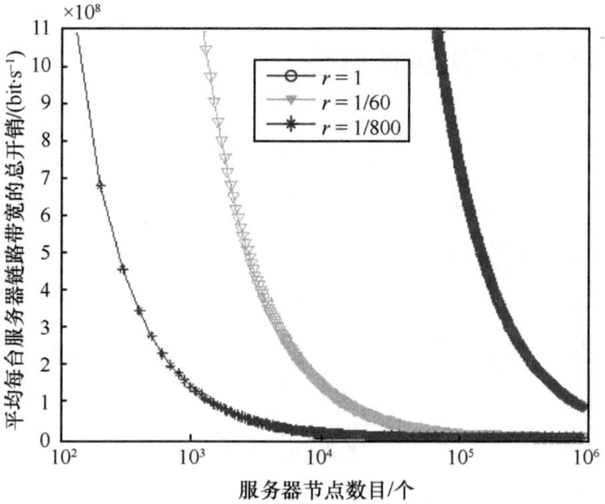

图 7-5　平均每台服务器链路带宽的总开销与服务器节点数目的关系

（3）灵活性分析

在本节给出的服务标识解析系统中，服务标识是网络资源或服务的永久、唯一、平面化以及与位置无关的标识，而且在服务标识的注册过程中，服务资源的位置变化，以及服务节点采用的网络服务提供程序的变化，都由服务节点自己来维护，因此当网络服务资源的位置或提供网络服务的程序发生变化后，不需要像服务标识解析服务器那样进行更新，因此其他需求该网络资源和服务的节点的解析和获取过程将不受影响，从而为网络资源和服务的迁移性支持提供了基础。服务节点在本机进行服务资源位置以及网络服务程序的维护，相比将其一并注册到服务器的机制，大大减轻了服务标识解析系统的负担。

| 7.3　基于 DHT 的服务标识解析实现 |

由于网络资源和服务器数量巨大，需要一种高效的方法实现 7.2.3 节介绍的服务标识解析查询。本节介绍一种基于分布式哈希表（DHT）技术的实现方法。本节首先介绍 DHT 技术，以及采用的一种具体 DHT 算法 Chord；然后介绍基于 Chord 算法的服务标识解析查询系统设计。

7.3.1 DHT 技术与 Chord 算法

分布式哈希查找是在非结构化的 P2P 系统中加入结构化控制的策略，本质上是一个由广域范围大量节点共同维护的巨大哈希表。该哈希表被分割成不连续的块，每个节点按照哈希算法被分配一个属于自己的哈希块，并成为这个哈希块的负责节点；同时一个资源的名字或关键词使用相同的哈希算法映射为一个哈希值，根据该哈希值所属的哈希块决定该资源的负责节点。资源由自己的负责节点维护，资源的注册和查询就是逐渐接近负责节点的过程。目前已经有很多成熟的 DHT 算法，例如 Chord[24]、Tapestry[25]、Pastry[26]、Kelips[27]等。

本书的新映射系统主要基于 Chord 算法，为了后续章节能将叙述的重点放在面向资源方面的设计，本节先简要介绍本书后续用到的 Chord 算法相关术语和技术。

Chord 是一种实现网络资源有效定位的分布式查询算法，它完成如下工作：给定一个节点位置的关键词（如 IP 地址），将该关键词映射到名字空间的某个标识，同时网络资源关键词通过分配同一名字空间下另一标识，Chord 算法将节点和资源的标识进行关联，这样就可以用 Chord 算法实现网络中资源所在节点上的注册和查找。Chord 算法采用了相容哈希的一种变体，为节点和资源分配标识，标识空间为环形结构。相容哈希有两个特点。首先，哈希函数可以做到负载平衡，也就是说所有的节点可以关联到基本相同数量的资源。其次，当第 N 个节点加入或者离开网络时，只有 $1/N$ 的资源需要移动。Chord 算法进一步改善了相容哈希的可扩展性，在 Chord 算法中，节点并不需要知道所有其他节点的信息，每个 Chord 节点只需要知道关于其他节点的少量的“路由”信息即可完成节点间通信。在由 N 个节点组成的网络中，每个节点只需要维护其他 $O(\log N)$个节点的信息，同样，每次查找只需要 $O(\log N)$条消息。当节点加入或者离开网络时，Chord 算法需要更新路由信息，每次加入或者离开需要传递 $O(\log^2 N)$条消息。最后通过信息冗余存储等技术，Chord 算法很好地解决了基于分布式哈希表/对等网络算法面临的抖动问题，即在节点经常加入和离开的环境下仍能有效工作。

以下从网络结构、资源查询两个方面对 Chord 算法进行简单介绍，这两个方面是本书新映射系统设计主要用到的 Chord 算法相关技术。在介绍这些技术之前，首先介绍 Chord 算法中使用最频繁的几个概念。本章的设计将一直沿用这些概念（假设整个 Chord 环采用的是 m bit 的名字空间）。

资源标识值：是一个对网络资源的名字或关键词等采用一致哈希函数计算得到的 m bit 标识值，在 Chord 算法系统中的查找方法就是利用这种标识值，查到其关联节点。

节点标识值：一个节点经过一致性哈希函数计算的 m bit 标识值，被分配给每个节点，在其上存放了关联的资源标识值。

后继（Successor）：指某个节点的后继节点，即 Chord 环中某个节点在顺时钟方向上的第一个邻近节点。Chord 算法规定资源标识值和节点标识值的关系是：资源标识值被保存在节点标识值等于它或大于它的后继节点上。

前驱（Predecessor）：指某个节点的前驱节点，即 Chord 环中某个节点在逆时钟方向上第一个邻近节点。

Finger 表：指存储在每个节点之上的路由表，依据 Chord 算法构造，在关键值的查找过程中能够有效缩短查找的时间。对于 m bit 名字空间的 Chord 环，Finger 表项记录了环中每个区间的信息，包括每个区间的起始点、区间范围和该区间的后继节点。

（1）网络结构

Chord 算法的一致哈希函数使用一个基本的哈希函数给每个节点和资源一个长度为 m bit 的标识。标识 m 的长度应该足够长，使得两个节点或者关键词通过哈希运算变成同一个标识的概率很低，例如可采用 SHA-1 算法将需要进行哈希运算的内容通过哈希运算变成一个 160 bit 的标识值。节点的标识值通过对节点的 IP 地址或再加上端口号进行哈希运算而得到，资源的标识值则是通过对资源名或其关键词进行哈希运算而得到的。

在 Chord 算法中，节点标识值的取值范围是$[0, 2^m-1]$，标识值按顺时针方向形成一个环，通常称之为 Chord 环。在一致哈希映射中，资源被保存在节点标识值等于或紧跟着它的标识值 k 的节点上。这个节点被称为标识值 k 的后继节点，记作 successor(k)，从 Chord 环角度看 successor(k)就是 k 之后顺时针方向上的第一个节点。为保持 Chord 算法的一致哈希映射，当节点 n 加入网络时，对于原来分配给 n 的后继资源，如果其标识值大于或等于 n，则将这些资源分配给 n 维护；当节点 n 离开网络时，原来分配给 n 的资源将分配给 successor(n)维护。

（2）资源查询

在 Chord 算法中，每个节点只要知道自己的后继节点，就可以通过这些后继指针在环上传递完成对一个给定资源标识符的查询。Chord 算法的一部分维护着这些后继指针，来保证所有的查询可以被正确地解析。但是，这种简单传递的查询效率明显不高，如果有 N 个节点，一次查询的最坏情况可能是遍历这 N 个节点。在 Chord 算法中，为了提高查询效率，每个节点都维护着额外的信息，维护这些额外信息的表被称为 Finger 表。

每个节点（以 n 表示）维护一个有 m 个条目的 Finger 表。则节点 n 的 Finger 表中的第 i 个条目，是标识符环上 n 的至少 2^{i-1} 个位置之后的第一个节点 s，可以表示为 $s = \text{successor}(n+2^{i-1})$，其中 $1 \leqslant i \leqslant m$（所有运算都以 2^m 为模）。把节点 s 称为节点 n 的第 i 个条目，记为 n.finger[i].node（按照以上 Finger 表构成原则，n 的第一个条目就是环上紧跟着它的后继节点，为了方便，把第一个条目称为后继）。以上 Finger 表构成原则有两个重要的特点。首先，每个节点只存储了少量其他节点的信息，并且对于标识符环上在其之后的节点，距离越近，它掌握的信息越多；其次，一个节点的 Finger 表并没有包含能查询任意关键词 k 的足够信息。在节点 n 不知道关键词 k 的后继节点的情况下，节点 n 可以找到一个比它自己离 k 更近的节点，这个节点所了解的关于 k 的信息会比节点 n 多。于是 n 就可以搜索自己的 Finger 表，来找一个节点 j，这个节点是 k 之前的第一个节点，然后再通过 j 找到哪个节点离 k 最近。不断地重复这样的步骤，节点 n 所了解的节点就离 k 越来越近了。该算法是一个递归算法，每一次节点的查找过程都使得找到的节点与目标节点的距离至少缩短一半，其算法的思想和效率都类似二分查找算法。如果系统中有 N 个节点，整个算法的路由跳数至多为 $\log N$。

7.3.2 标识网络服务映射系统设计

图 7-6 是简化的新映射系统整体结构，由图可知新系统由 4 部分组成，即映射系统服务器、管理服务器、资源提供者、资源使用者。其中映射系统服务器根据 Chord 算法将资源提供者的信息发布到映射服务器中，完成资源的注册。同时映射服务器实现服务标识到连接标识及其他信息的映射，完成资源的查找；管理服务器是一个域（组织、机构、单位等）的管理设备，也是资源提供者和资源使用者到映射系统的接入设备。具体实现中，管理服务器是集合多个逻辑功能的网络设备，可由多台独立服务器共同提供，包括 4 个逻辑功能：为资源提供者注册的资源提供 SID 生

成、为资源提供者的注册和更新提供鉴权、为资源使用者提供查询信息缓存、对资源使用者进行认证。管理服务器是提供映射系统安全、数据完整性、查询效率的关键设备；资源提供者就是传统的应用服务器，如网页服务器、视频服务器、邮件服务器等；资源使用者是传统的客户终端，如台式机、笔记本电脑、智能手机等。资源提供者和资源使用者与传统应用服务器和终端的主要区别是，它们需要增加用于资源注册和查询的终端软件。

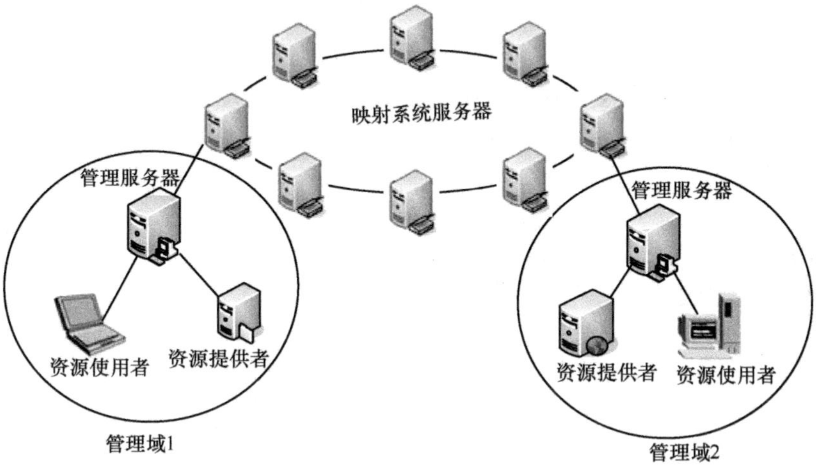

图 7-6　映射系统整体结构

在理想的情况下，映射服务器应该由专门的设备组成，但是这样需要的花费较大，一种从现有网络到新系统的合理过渡方式是由每个域提供一台或多台设备作为映射服务器，组成映射系统。在具体实现上，可以让管理服务器同时完成映射服务器的工作。

新映射系统基于以上构架工作，应用服务器将自己提供的资源交给管理服务器，管理服务器通过一定的算法生成 SID，将 SID 以及资源对应的其他信息注册到映射系统。当应用服务器需要更新自己之前注册的资源信息时，管理服务器对其进行认证（只有资源注册者和共享密钥者可以更新注册信息）。当资源使用者要查找资源并访问资源提供者时，管理服务器对资源使用者进行认证，这样可以减少对资源提供者的 DoS 攻击。另外管理服务器中有被查询频率较高的资源信息的缓存，如果能在本地缓存中获得需要的资源就不需要到映射系统中去查找，提高了查询效率。

（1）新映射系统解决数据迁移问题

资源访问（数据的获得和服务的接入）是当前互联网最主要的应用，当用户获得数据或者接入服务时，其关心的是数据或网络服务本身，而不是数据或网络服务的位置，因此新设计需要对互联网的数据或网络服务进行与位置无关的长期不变的命名。然而现有互联网的 DNS 只是将资源解析为其所在的位置（资源所在主机的 IP 地址），这种设计无法很好地解决数据迁移问题。虽然 DNS 通过重定向机制可以缓解这一问题，但实现效率较低，且无法从根本上解决数据迁移问题。如图 7-7 所示，假设用户通过一定途径（之前上网的记录、其他人告知等）知道可以通过 http://www.A.com/song.mp3（非真实网址）来访问资源 song.mp3，当资源位于网页服务器 A 时，用户通过浏览器可正常访问资源。当资源从网页服务器 A 移动到网页服务器 B 时，由于 DNS 仅支持域名注册（www.A.com、www.B.com），不支持资源本身注册，因此用户将无法再获得资源 song.mp3。这就是现有面向主机网络在数据迁移时的问题。

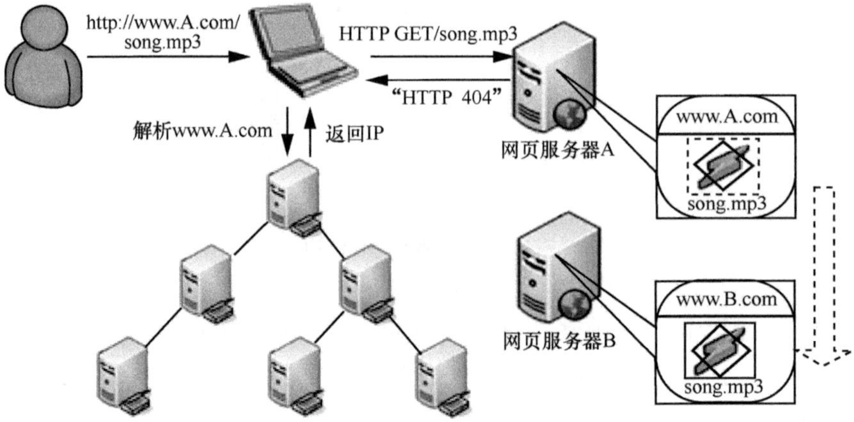

图 7-7 基于 DNS 解析出现的断链问题

面向资源的新映射系统允许网络资源迁移到不同的主机后通过动态注册使得网络用户可以再次获得该资源。如图 7-8 所示，资源 song.mp3 从网页服务器 A 移动到网页服务器 B 后，可以向映射系统注册自己，网络用户仍然可以获得该资源。

为了增加映射系统对 DNS 的兼容，SID 设计为既可以标识主机，又可以标识主机中的一个文件夹，以及文件夹中的一个具体的网页甚至网页中具体的某一张图片等资源。当服务标识的命名粒度仅局限于主机时，映射系统的功能降级为与 DNS 相同。

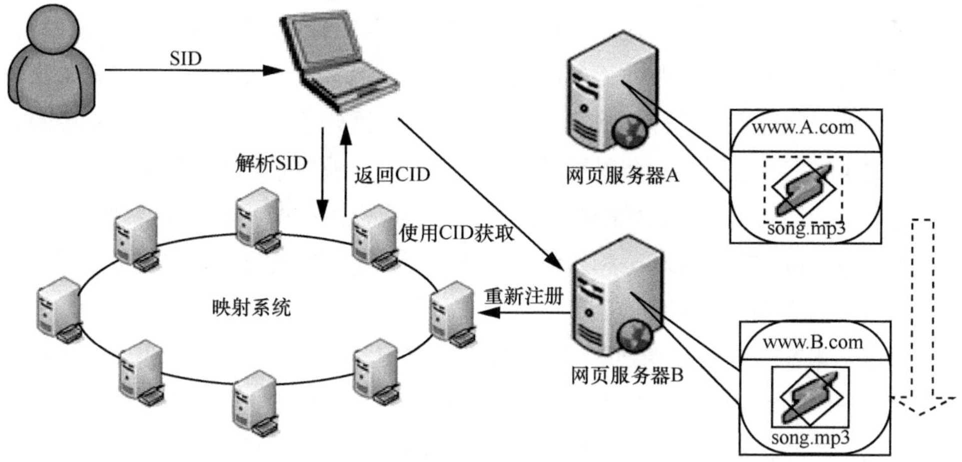

图 7-8　面向资源的服务标识解析方式

（2）新映射系统提供面向资源路由

随着网络资源的不断增加以及网络用户要求的日益复杂，网络资源需要更加灵活的解析处理。目前互联网上的同一网络资源可能对应多个连接信息，用户需要根据何种方式从多个连接信息中选择一个或者多个连接是映射系统必须考虑的问题。另外，当提供资源的服务器发生移动或者负载过重时，如何将用户的请求信息自动转给更好的资源提供者，来保证资源交互的不中断，成为新设计的一个重要问题。更为重要的是以上问题的处理需要对用户透明，这就需要从网络结构设计角度来考虑。

现有互联网对以上问题的处理仍由 DNS 等技术完成，然而 DNS 存在描述信息有限、反应速度过慢、纠错能力差、配置容易出错等问题，难以实现以上要求。

面向资源的映射系统在兼容传统 DNS 设计的基础上，提供了更加灵活的解析机制。名字解析分为早解析和晚解析，现有 DNS 的解析可以看成是早解析的，基于路由表的逐跳路由可以看成是晚解析的。映射系统将同时支持 DNS 的早解析和更加灵活动态的晚解析。

在早解析情况下，映射系统将返回一系列服务标识对应的连接信息，得到连接信息之后，用户再根据连接信息与资源提供服务器端建立连接。晚解析同时处理服务标识解析和数据分组的转发，数据分组同时封装服务标识和数据，通过服务标识，映射服务器将数据转发给正确的资源提供服务器。早解析的过程类似于当前 DNS 的解析过程，而映射系统的特点在于晚解析。通常情况下，映射信息中一个服务标识对应多个网络位置信息，这意味着同一个数据或者网络服务可能有多个提供者。映射服务器将根据时延、跳数等参数选择资源提供者。晚解析中，如果映射关系发生变化，映射服务器将选择新的资源提供者转发数据分组，保证资源交互不中断；当其中的某一资源提供者负载过重甚至出现宕机时，映射服务器将根据时延、跳数等性能参数选择新的性能较优的服务提供者为用户提供数据，始终保证为用户提供较好的资源获取体验。在动态和移动网络环境下，这一解析方式显得更加灵活。

（3）新映射系统对网络中间件的融合

互联网最初设计的是端到端通信，中间设备只负责数据分组的转发。这种简单的、分工明确的设计为用户提供了下层处理透明的上网体验，是互联网获得成功的重要原因。然而，随着网络环境以及用户需求的变化，这种设计逐渐不能再满足所有的网络需求，网络中间件[28]（第三方服务器、防火墙等）是打破端到端设计结构的统称。中间件的出现，一方面解决了现有互联网提供多样性服务、灵活处理和安全方面的问题，另一方面也破坏了现有互联网的层级结构。在未来的互联网设计中，我们既要保证网络对新型资源的开放性和透明性，又要同时考虑将中间件融入互联网架构中去。服务标识和服务标识映射能很好地融合网络中间件，在继续发挥网络中间件的功能的同时，不破坏互联网的层级结构。

如图 7-9 所示，假设资源使用者的资源请求 SID 为 su，该资源由资源提供者（终端）B 提供，经过网络中间件（服务器）C 处理后可得到提供给用户的资源，即 su。资源使用者（终端）A 首先通过映射系统查询服务标识 su，得到的结果是服务标识串<sc,sb>（表示用户的资源请求由终端 B 提供，其间需要通过服务器 C 进行处理后再返回给资源使用者 A）。因此终端 A 需要通过映射系统查询服务标识 sc，得到 sc 对应的网络位置为 ac，终端 A 处理程序进行分组封装，数据分组的源地址为网络位置 aa，目的地址为网络位置 ac，同时封装服务标识<su,(sc,sb)>和数据。根据目的地址数据分组被转发到服务器 C。服务器 C 处理程序根据得到的数据分组信息，通过映射系统查询服务标识 sb，得到下一跳的位置信息为 ab，服务器 C 的处理程序进行分组封装，数据分组的源地址为网络位置 ac，目的地址为网络位置 ab，同时封装服务标识<su,(sc,sb)>和数据。根据目的地址数据分组被转发到终端 B，完成资源请求。根据资源请求过程，终端 B 提供的资源首先发送到服务器 C，经过服务器处理之后转发给终端 A，完成整个资源处理过程。在此过程中，通过映射重定向，网络中的中间件不再破坏互联网的层级关系，保持了互联网的透明传输。

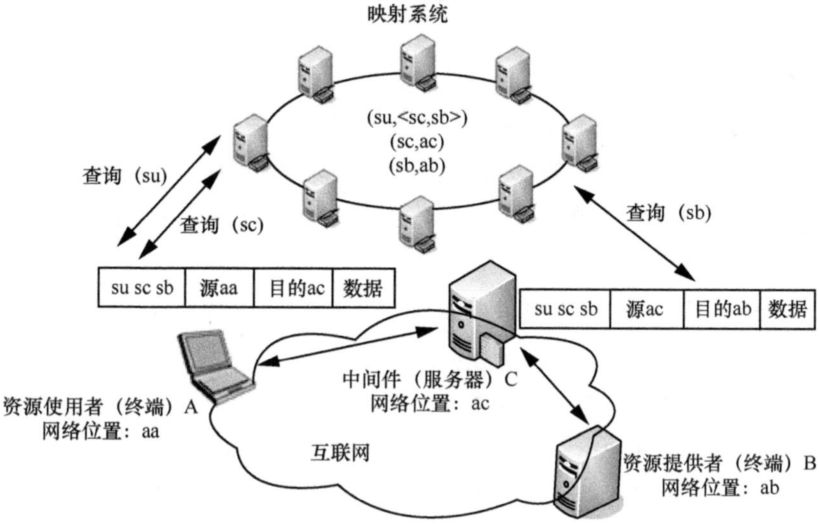

图 7-9　映射系统融合网络中间件

（4）缓存设计

新映射系统在很多方面优于传统的 DNS 解析，但是在大规模布置开展时新系统也存在一些不足，主要问题是存在大量网络节点情况下的查询效率问题。文献[29]中统计，一次传统的 DNS 查找平均需要经过 2 跳，也就是需要两次查询。而在同等规模网络环境下，纯 Chord 算法平均一次查找需要大约 5 跳，因此在现实的网络规模下，新映射系统的查询效率相对较低，需要新的设计或技术提高查询效率。通过研究传统 DNS 查询方法可知，DNS 本身的树形结构并不能带来现有平均 2 跳的查询效率。DNS 之所以有较高的查询效率是由于其具有高效的本地缓存机制，缓存思想是：考虑到网络用户由于个人的职业、爱好、身份等，在一个较长时间内其访问的网络资源比较有限和固定，这样本地缓存可以保存本地用户之前获取网络资源的记录，使本地用户只需一次查询即可获得自己希望获取的网络资源。以上缓存思想取决于网络用户的个人特征，与采用 DNS 树形查询结构或 Chord 算法无关，因此新系统将采用缓存机制提高大规模网络环境下的查询效率。文献[30]的研究表明采用缓存机制的 DHT 网络的查询可以减小到 2～3 跳，获得与现有 DNS 相当的查询速度，大大提高了查询效率。

缓存的具体映射信息包括两类：首先，注册的资源映射信息通过本地管理服务器注册到本地缓存，然后再向映射系统注册（这主要是考虑到本地提供的网络资源在本地的使用率相对较高，例如学生出于对网络速度的考虑更加愿意首先从校园网中获取所需资源，公司出于安全等考虑更加希望员工首先从公司内部网获取资源）；其次，本地管理服务器将通过映射系统查询到的映射信息结果存储于本地缓存，供本地其他用户查询。本地缓存有时间和容量限制，超过时间限制或者容量限制的映射信息将被删除，这取决于缓存服务器的容量、缓存信息的重要性等。

（5）新映射系统在安全性方面的设计

网络安全是新网络设计永远无法回避的问题。新映射系统设计主要用于解决现有网络的结构不合理等问题，但是在给出新系统构架后必须考虑其安全方面的设计。网络安全的传统研究内容包括机密性、鉴别、报文完整性和不可否认性，它们在相当长的时间内被看作是安全通信的关键组成部分，可用性和访问控制则是对安全通信概念的新扩展，新系统设计对这些方面都有一定考虑。

机密性是指通信过程中只有发送方和指定的接收方能够理解传输的报文内容，因为窃听者可以截获报文，为了实现机密通信就需要对报文进行加密，使得只有指定接收方可以解密理解报文。考虑到针对不同用户类型、数据类型的广泛应用性，新系统设计没有强制要求对数据进行加密，只提供一个可选的公钥加密。一些对安全性要求较高的应用可以通过自己的加密算法进行保护。

鉴别是指发送方和接收方能够证实通信过程所涉及的另一方，确定通信的另一方确实具有他们所声称的身份。新系统中管理服务器支持对资源提供者和资源使用者的身份鉴别，而映射系统服务器支持对管理服务器的身份鉴别。

报文完整性和不可否认性是指发送方和接收方需要确保其通信的内容在传输过程中未被改变，此处改变包括被恶意篡改或意外改动。映射系统将在两个方面提供报文完整性支持。首先，映射系统需要对资源提供者注册和更新的服务标识映射结构进行完整性认证；其次，资源使用者需要对查询获得的服务标识映射结构进行完整性认证。以上认证都通过数字签名实现。

可用性和访问控制是对安全通信的扩展，过去几年大量出现的拒绝服务（DoS）攻击使得合法用户不能正常使用某些网络、主机或其他网络设施的现象，明显地表明用户对网络安全的需求已经越来越急迫。新系统在防止 DoS 攻击方面主要基于用户身份鉴别，以及对用户行为的观察实现。新系统对 DoS 攻击的保护范围主要是映射服务器和管理服务器，资源提供者和资源使用者在访问映射服务器时都需要得到本地管理服务器的身份鉴别认证。

7.4　自适应连接管理机制

考虑到分组交换机制在互联网上取得的巨大成功，标识网络仍然采用尽力而为的分组交换机制。然而分组交换机制无法保证通信的绝对可靠，因此端到端的连接机制是标识网络必须考虑的问题。现有互联网通过传输协议保证端到端的可靠通信，然而现有传输协议存在以下问题。

（1）连接建立灵活性问题

现有互联网提供两类传输协议：面向连接的可靠传输协议 TCP 和 SCTP[31]，面向非连接的尽力而为的传输协议 UDP 和 DCCP[32]。现有的网络应用在设计之初就绑定其中一种传输协议，不能根据网络当前状况和用户对应用的需求等级进行协商和调整，导致传输协议的使用缺乏灵活性，并且对一些包含多种资源类型的复杂应用缺乏有效的传输协议选择。针对这一问题，目前主要的研究称为多连接技术，文献[33]和文献[34]分析了多连接技术对于提高网络性能的特征和意义。现有多连接技术研究包括支持多连接应用协议和多连接传输协议两类。

支持多连接应用协议的典型代表是 HTTP 在 Web 中的应用。在文献[35]中 HTTP/1.0 为一个网页中的每个 HTTP 请求都建立一个 TCP 连接，HTTP/1.1[36]简化了 HTTP/1.0 中复杂的多连接建立过程，并实现了多个连续请求复用一个 TCP 连接（称为管道（Pipeline））的技术，极大地提高了 HTTP/1.0 的效率。另外，文献[37]实现了基于 4 个 TCP 连接的 Web 设计；文献[38]实现了允许用户灵活地通过多个并行 TCP 进行文件传输协议（File Transfer Protocol，FTP）下载；文献[39]使用多连接传输提高数据传输吞吐量；文献[40]提出基于并行多路径传输情况下的接收缓存阻塞问题的解决方法；文献[41]使用多 TCP 连接克服了卫星通信等长肥连接情况下 TCP 窗口有限的问题。互联网电话（Voice over Internet Protocol，VoIP）同时使用 TCP 和 UDP 分别实现基于会话初始协议（Session Initiation Protocol，SIP）[42]的会话管理以及基于实时传输协议（Real-Time Transport Protocol，RTP）和 RTCP（RTP 的一个姐妹协议）[43]传输媒体流信息。

多连接传输协议的典型代表是 SCTP，它同时吸取了 TCP 和 UDP 的设计优点，例如 TCP 的可靠有序端到端通信和 UDP 的数据消息边界保留。除了吸收现有各种传输协议的优点外，SCTP 还引入了多流多宿等新特性。多流类似于现有传输层多连接，然而各个流又隶属于同一 SCTP 关联，这种设计在利用多连接的优势的同时，减少了多次建立连接带来的不必要开销。LS-SCTP[44]、IPCC-SCTP[45]、CMT_{scd}[46] 都对原始 SCTP 进行了修改，使其能更好地聚合带宽，减少不必要的重传，解决拥塞窗口非正常增长的问题。文献[47]提出一种新传输协议结构流传输（Structured Stream Transport，SST），SST 引入了类似 SCTP 多流的设计，并将这种多流的设计更加完备化。文献[48]将 SCTP 多宿特点应用于 IEEE 802.11 静态多跳无线网络，研究多无线电广播节点、多通道广播及多路径路由问题。另外，文献[49-52]都通过修改 TCP 和相应的套接口函数库实现了应用数据自动分割后利用多个 TCP 并行传输的协议设计。

上述研究虽然针对应用的需要扩展了现有传输协议，提高了传输效率，但是它们主要是通过对传输协议进行简单的数量上的叠加实现多连接技术。随着应用数量和种类的不断增加，未来急需能够感知上下文的基于灵活协商的传输协议框架。

（2）应用层移动性支持问题

互联网原始设计针对固定有线网络，因此，现有互联网协议栈不能很好地支持移动性。要实现对网络应用的移动性支持，需要非常复杂的设计过程，涉及协议栈的网络层、传输层和应用层等多个层面。应用层会话移动性是指用户在通过网络使用某项服务的过程中可以在不同的网络接入终端之间悬挂和恢复服务会话，比如用户通过台式机参加视频会议，并把这个视频会议切换到手机上继续进行，而这种不同终端、不同网络的切换，从用户角度来看，并没有明显的中断。现有网络不能很好地支持会话移动性的主要原因是连接建立缺乏协商和灵活性，将网络应用固定为只能通过某一种传输协议建立连接不够灵活，使得在不同终端、不同网络的复杂的移动环境中，难以根据当前的网络环境进行传输协议类型的改变。

目前解决应用层会话移动性的研究如下：① 基于 SIP 的 IP 多媒体子系统具有完备的会话管理功能，使用 SIP 建立的会话连接可以通过发送 re-invite 信令使会话在不同设备间迁移。这种方法的主要缺点是需要每个应用程序有专门实现会话迁移的功能模块，而且这种迁移主要用于通信类服务。② 一些网络服务提供商由于对自己的应用程序及其运行状态非常了解，可以实现功能强大的会话迁移功能。例如 BT 下载、电驴、迅雷等应用平台，支持诸如断点续传、P2P 多点传输等功能。这种方法的主要缺点是缺乏通用性。③ 文献[53]和文献[54]提出了设计中间件实现会话迁移的方案，但是在具体应用时这两种方案都没有真正实现中间件透明处理的优势，需要对应用进行一定程度的改动。

通过对现有研究分析可以看出，会话迁移由于涉及许多重要信息的处理，因此很难在现有网络中有效实现。标识网络的连接管理机制将从网络结构的角度实现对应用层移动性的较好支持。

（3）安全性问题

互联网出现之初只有两类应用：远程登录（Telnet）和 FTP。随着互联网支持应用的增加，为了定位一台服务器上的应用，设计人员使用了知名端口号作为一种过渡方法。然而知名端口号机制存在严重的安全漏洞，针对端口号的网络攻击是互联网最主要的安全问题。作为互联网及其前身阿帕网（ARPANET）、OSI 七层模型的设计与开发者，以及多个征求意见稿（Request for Comments，RFC）的作者，John DAY 在 2008 年出版的 *Patterns in network architecture: A return to fundamentals* 一书[55]中对这一问题进行了总结。文献[56]也深入分析了知名端口号带来的众多问题。

此外，传统互联网上层结构不清晰，很多重要功能缺失。互联网在设计之初没有考虑应用层结构，设计人员关注的核心是网络互联，而应用只是为了验证网络互联的有效性。另外，互联网早期应用很少，每种应用使用一套自己的协议，没有构建一个通用结构模型的驱动力。因此，互联网分层模型只是简单地称传输层之上为应用层。然而随着互联网自身应用的不断丰富，以及与其他网络融合后带来的新应用，迫切需要一个明确、通用的高层结构。OSI 七层模型在传输层之上又定义了三层：会话层、表示层和应用层。这一设计虽然总结出了一些应用的共性，但这种分层设计非常笨重，如按照这种分层设计进行开发，即使一些很简单的应用都会变得非常复杂，这也是互联网一直没有采用 OSI 七层模型的主要原因。标识网络对网络的层次结构进行了优化，将 OSI 七层模型中的会话层的部分功能与传输层合并，提出了虚拟连接模块，并通过在虚拟连接模块中引入连接标识和自适应连接管理机制，有效解决了现有互联网存在的一些问题。

7.4.1　连接标识的定义与生成

标识网络“普适服务层”的虚拟连接模块引入了连接标识，目的是针对每个服务建立，维护相应会话中的每个连接，直至服务完成。在这个服务过程中，每个连接对应的连接标识是不变的。通过在虚拟连接模块引入连接标识（CID）来实现网络应用到传输协议的映射，并且维护网络服务的连接过程。在实际的网络服务过程中，对应的网络服务与虚拟连接子层建立一个或多个连接，并通过服务标识解析映射与 CID 建立映射关系，并根据资源的特点、网络环境的状况等，选择合适的连接类型。对于复杂资源又可提供多个子连接，保证连接的可靠性。之后，一个连接再通过连接标识解析映射映射到一个或多个网络通道。最后，完成标识网络下的一次网络服务过程。

在标识网络中，连接标识用于节点区分不同的网络服务过程，因此对应同时存在的不同的网络服务过程，需要保证连接标识的唯一性。为了生成唯一的连接标识，采用与连接有关的信息通过一致性哈希运算生成。其哈希值比特位数的大小决定了连接标识空间可容纳的连接数量，为了便于计算机处理，具体比特位数建议采用 n（$n \geq 16$）（保证至少兼容现有的端口号）。哈希函数的变量包括：<SID,AID_C,TIMESTAMP,QoS>，其中各个域的具体含义如下。

- SID：服务标识，用于区分各种服务。
- AID_C：客户端接入标识，唯一标识服务连接发起方。
- TIMESTAMP：时间戳，客户端发起服务连接请求的时间。
- QoS：服务质量信息描述字段，长度为 8 bit。具体定义见表 7-3。

表 7-3　服务质量信息描述字段定义

服务类型	是否面向连接	是否允许容错	时延的要求	抖动的要求	带宽的要求
位数/bit	1	1	2	2	2

带宽的要求如下。

00：不进行带宽控制。

01：设置带宽为总带宽的 1/4。

10：设置带宽为总带宽的 1/2。

11：设置最大限度地占用最大带宽。

抖动的要求如下。

00：不进行抖动控制。

01：设置最小抖动控制。

10：设置可容忍的抖动。

11：保留。

时延的要求如下。

00：不进行时延控制。

01：设置低级别优先级。

10：设置高级别优先级。

11：设置最短时延。

是否允许容错规定如下。

0：出现错误后丢弃。

1：出现错误后仍传递。

是否面向连接规定如下。

0：面向无连接的服务。

1：面向连接的服务。

7.4.2　自适应连接管理工作原理

连接标识提供了对网络服务过程的唯一标识，为解决现有的连接问题提供了可能。而要真正解决现有网络连接建立的灵活性、移动性和安全性等问题，需要设计完整的信令和数据协商机制。图 7-10 描述了自适应连接管理的设计原理。不同于传统互联网端到端的传输协议工作原理，自适应连接管理的主要特点是引入了中心控制设备——连接标识管理服务器，如图 7-10 中连接标识管理服务器（CMS）所示。SRS 为服务标识解析服务器，S1 和 S2 为提供标识为服务标识（SID）的同一服务的两台应用服务器，C 表示一个希望获取服务的客户终端。

自适应连接管理的具体工作流程如下。

步骤 1　应用服务器 S1 和 S2 将提供的网络服务注册到 SRS，注册信息包括 SID、该服务需要的服务质量需求（QoS）支持、应用服务器的 AID，以及允许访问该服务的范围等。在图 7-10 中，应用服务器 S1 和 S2 可以提供与 SID 完全一样的服务。

步骤 2　客户终端 C 使用 SID 向服务标识解析服务器查询相应服务是否可用。

步骤 3　服务标识解析服务器回复客户终端一组可以提供该服务的服务器，图 7-10 中为 AID_{S1} 和 AID_{S2}。

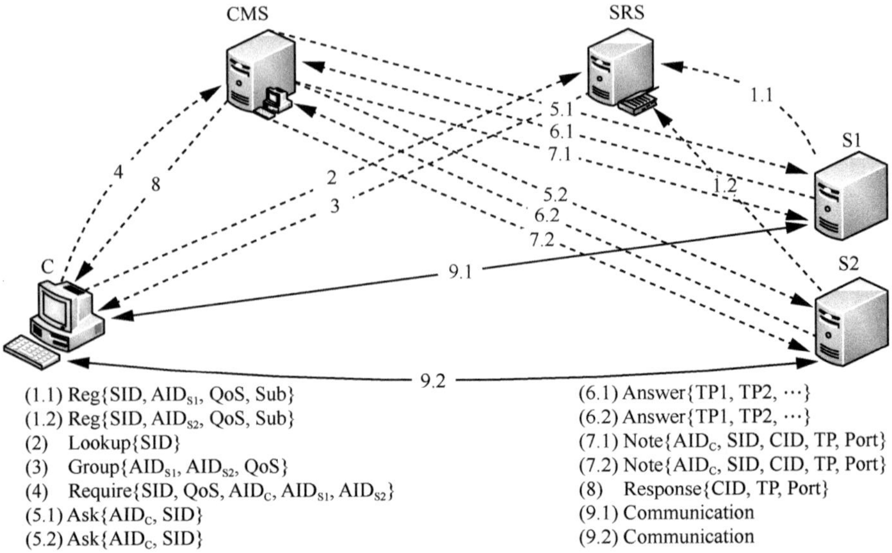

图 7-10 自适应连接管理原理

步骤 4 客户终端 C 向 CMS 请求为获取 SID 必需的连接标识（CID），请求信息包括 SID，QoS，客户端接入标识 AID_C，提供服务的服务器的接入标识 AID_{S1} 和 AID_{S2}。

步骤 5 CMS 向应用服务器索要完成服务标识需要的下层信息，如可用的传输协议等。

步骤 6 应用服务器回复连接标识管理服务器所要的信息。

步骤 7 连接标识管理服务器将生成的 CID、传输协议类型、端口号等信息下发给应用服务器。

步骤 8 连接标识管理服务器将生成的 CID、传输协议类型、端口号等信息下发给客户终端。

步骤 9 客户和服务器通过 CID、传输协议类型、端口号等建立连接进行通信。

从用户的角度来看，在一次服务获取过程中，用户通过第三方服务系统获取所需服务对应的 SID；根据 SID 等相关信息，通过连接标识管理服务器协商产生一次服务获取过程的 CID。随后，将 CID 及相关信息在通信实体之间进行同步。

在连接标识管理服务器中，CID 及<SID, CID>，<CID, AID>映射关系存储在数据库中。通过对连接标识管理服务器中 CID 的监控和管理，网络管理员可以很好地了解当前网络的连接状况，并对已存在的连接进行控制。上述设计可以有效解决现有网络在服务建立过程中存在的问题。

连接标识及连接管理机制为网络应用会话迁移的实现提供了底层通信机制的保证，但是应用程序的迁移需要处理大量应用信息，为此标识网络设计了专门的会话信息缓存模块，用于缓存已经建立的会话连接，实现图 7-11 所示的应用会话迁移，具体流程如下。

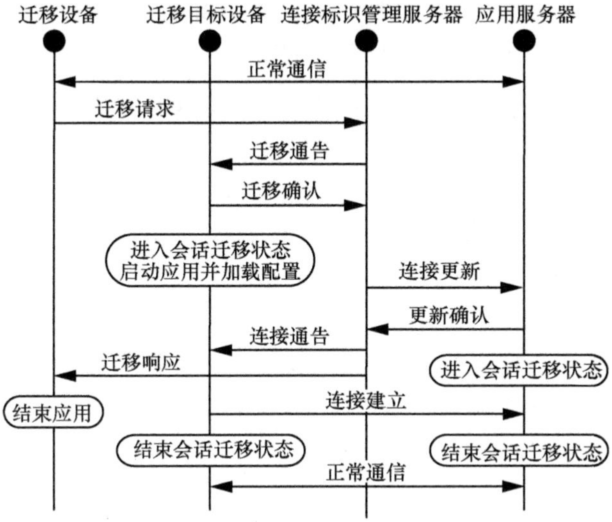

图 7-11　会话迁移流程

步骤 1　迁移设备向连接标识管理服务器发出 CID 连接向迁移目标设备的迁移请求。

步骤 2　连接标识管理服务器验证迁移设备的 CID 连接迁移合法性，如果验证失败，该过程结束；如果验证成功，连接标识管理服务器将向迁移目标设备通告迁移设备发起的 CID 连接的迁移。

步骤 3　迁移目标设备检验 CID 连接的迁移请求的合法性，如果合法，将向服务器返回允许迁移的确认消息，并进入会话迁移状态，启动加载对应的应用程序，同时加载相应的应用信息，其中包括应用程序自身的运行状态、用户信息等；否则，结束迁移请求过程。

步骤 4　连接标识管理服务向应用服务器更新 CID 对应的连接信息。

步骤 5　应用服务器收到 CID 连接的更新请求，并验证 CID 的正确性之后，向连接标识管理服务器返回更新确认消息，并将之前进行的会话连接转入迁移状态。

步骤 6 连接标识管理服务器收到应用服务的更新确认消息后，向迁移目标设备通告 CID 连接信息、应用服务器使用的传输协议、端口号等信息；同时向迁移设备发送迁移响应消息，证明迁移请求得到确认。

步骤 7 迁移目标设备根据连接标识管理服务器下发的信息，向应用服务器发起网络连接过程，等连接建立后，结束迁移状态，进入正常的会话连接状态。

步骤 8 应用服务器接收到迁移目标设备发送的连接请求，检查其正确性后，与迁移目标设备完成底层通信协议信息的配置。

步骤 9 应用服务器向迁移目标设备发送网络资源，结束会话迁移状态，完成迁移过程。

7.4.3 性能评估与分析

（1）安全性分析

在传统互联网中，利用连接/服务请求发动攻击时，只需要知道被攻击者（服务器）的 IP 地址以及其提供服务的公共端口，就可以向该端口发送大量的连接建立请求，消耗被攻击服务器的资源，使其无法为合法用户提供服务。

在标识网络中，对服务标识的抽象使得不再需要对用户公开监听端口。标识网络的服务机制便于实现单个服务器内部的多端口监听，即提供服务的一台应用服务器可以根据 CID 的协商生成多个端口用于监听服务，而用户事先不知晓这些 CID，而是在请求时由连接标识管理服务器进行分配。同时，网络引入了服务标识，这使得多个应用服务器可以提供相同的服务。在用户请求服务时，由映射系统决定由哪个应用服务器提供服务。服务器级别的任意播（Anycast）和服务器内部的多端口监听机制，可以有效地削弱针对连接/服务请求的 DoS 攻击。

为了分析连接标识和自适应连接管理机制对网络安全性的提升，本书以知名端口号经常遭遇的端口攻击为例进行建模分析。在传统网络中，端口攻击的方式通常为攻击者了解到某项网络服务存在安全漏洞，将根据知名端口的对应关系找出该服务对应的协议和端口。如果攻击者想攻击某台主机，将直接向对应的主机发送针对端口的扫描数据分组，从而消耗该主机的资源或将病毒等危害程序注入该主机，达到攻击的目的。在标识网络中，面向服务的获取过程以及基于连接标识的协议和端口协商机制，使得标识网络服务的提供过程具有多种可供选择的传输协议，每种传输协议的端口号也不是固定的，因此若攻击者仍按照以前的攻击方法，其攻击成功的概率将大大变小。假设对应某种服务，节点可提供的传输协议类型有 m 种，每种传输协议可选的端口有 n_i（$1 \leqslant i \leqslant m$）个，则攻击者针对该节点特定端口号攻击成功的概率为

$$P_{\text{success}}[k] = 1 - \left(1 - \frac{1}{\sum_{i=1}^{m} n_i}\right)^k \tag{7-4}$$

其中，k 表示攻击者发出的攻击包的数量。

为了形象地说明标识网络对安全性的支持，根据式（7-4）给出图 7-12 所示的数据分析结果。设传输协议有 TCP 和 UDP 两种，每种可使用的端口数为 2^{16} 个，则有 $m = 2$，$n_1 = n_2 = 65\,536$。从图 7-12 可知，如果按照传统网络中的使用规则，只在特定的传输协议和端口上提供服务，则攻击成功的概率为 1，而利用标识网络的基于连接标识的协议以及端口协商机制，在攻击者发的数量小于 10^4 时，标识网络下攻击者攻击成功的概率明显小于传统网络下攻击者攻击成功的概率。

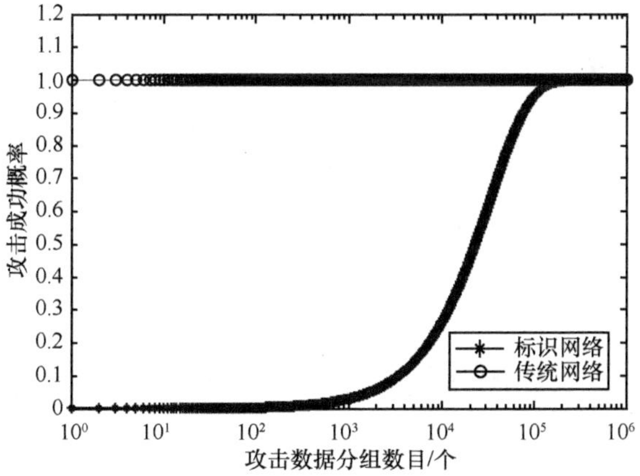

图 7-12　标识网络与传统网络知名端口攻击成功率对比

（2）服务迁移性分析

为了证明迁移的可实现性并进行性能分析，本书根据连接标识定义及连接标识管理机制，实现了网络应用的会话迁移系统。该系统由 3 台计算机、1 台连接标识管理服务器、1 台广域网模拟器构成。其中 1 台计算机模拟视频点播服务器，其余 2 台计算机模拟了两个点播视频的客户端。这 3 台计算机同时连接到广域网模拟器上，用来模拟 2 台客户机反复进行视频平滑会话迁移的过程。

本书进行了 20 次的迁移实验，得到图 7-13 所示的结果：在不涉及应用状态恢复并且没有对广域网模拟器加入任何时延的情况下，在视频点播服务器抓取数据分组分析可知，一次会话迁移后的第一个数据分组发送时间与迁移前发送的最后一个数据分组的时间差在 100 ms 左右，即视频应用在整个迁移过程中用了 100 ms 左右，这满足人们对流媒体服务时延 100～200 ms 的容忍限度。而视频点播服务器在从进入会话迁移状态到离开迁移状态，即为实际抓包中 TCP 连接的更新过程，视频点播服务器从收到迁移目的设备的连接请求到连接更新完成只用了约 0.25 ms 的时间。

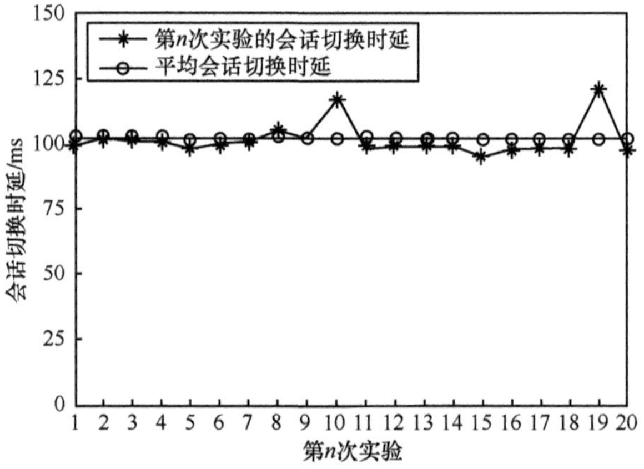

图 7-13　会话迁移时延实验结果

7.5 标识网络对传统应用的兼容性

7.5.1 需求分析

虽然标识网络的普适服务系统给网络服务的获取带来了诸多益处，但是任何网络技术的应用和部署都不可能一蹴而就，而需要经历漫长的过渡过程。完全体现标识网络服务的优势，就需要按照新的服务获取模式开发网络应用。

在传统的互联网中，网络应用数量庞大，在推广使用标识网络系统的时候，不可能做到对所有应用进行修改以支持新的网络服务架构模式。因此必须研究和设计一个针对传统应用的兼容机制来实现标识网络普适服务架构技术的推广。一个好的兼容机制应该遵循以下设计原则。

① 渐进性：兼容机制应该在很长一段时间内允许新的网络应用和传统网络应用并存，并随着新的网络应用的增加，逐步取代传统的应用。

② 广泛性：兼容机制对于传统应用来说应该具备普适性，即全部或绝大多数的传统应用都可以使用，而不应该针对不同的传统应用使用不同的兼容方法。

③ 简单性：兼容机制的设计应该尽可能简单，不应引入过多的操作时延以造成系统性能的降低。

7.5.2　基于扩展传统套接口的兼容机制研究

在满足 7.5.1 节所提出的兼容机制设计原则的前提下，本节提出了一种基于扩展传统套接口（Socket）的兼容机制。

在传统的互联网中，网络应用的实现都是建立在网络协议栈的基础上的，而 TCP/IP 协议作为互联网通信的基础，为上层的网络应用提供了一组完整的应用程序接口（Application Programming Interface，API），即通常所称的套接口[57]。套接口又称为套接字，最初应用于 UNIX 操作系统中，由于其优异的特性很快在其他的操作系统（如 Linux、Windows 等）中得到应用。

典型的流式套接口工作过程如下。

① 服务器启动，服务应用程序调用 socket()创建一个套接口，并返回一个文件描述符。

② 服务器应用程序调用 bind()，将创建的套接口和本地网络地址联系在一起，即设定该服务器在提供网络服务时，可供客户端连接使用的网络地址。

③ 服务器应用程序调用 listen()，开始为创建的套接口做好监听的准备，并同时设定客户端请求队列的长度。

④ 服务器等待客户端的连接。

⑤ 客户端在通过 socket()建立套接口后，通过调用 connect()向服务器发出连接请求。

⑥ 服务器如果监听到客户端发出的连接请求，则其对应的服务应用程序将调用 accept()来接受客户端发送的连接请求，建立连接；否则返回④继续等待。

⑦ 连接建立后，客户端和服务器之间就可通过调用 read()和 write()来发送和接

收相应的网络服务数据。

⑧ 网络服务数据传送结束后，客户端双方调用 close()关闭套接口。

通过上面所述的工作过程可以看出，传统的网络应用在获取网络服务时，需要指定对方的网络地址以及地址类型等信息，即这种获取方式是面向主机的，而在标识网络的服务获取机制中，网络服务的获取是面向服务或者资源本身的。因此在标识网络中，如果仍然使用 Socket 机制进行网络服务的获取过程，那么传统 Socket 的参数将变得没有必要。

但为了兼容传统的网络应用，标识网络对新应用程序的支持接口应该提供与传统网络相同 Socket 的功能，即如上述的 Socket 系列接口函数。而为了支持标识网络服务获取的新特性，将需要在传统 Socket 基础上进行扩展。基于扩展传统套接口实现传统网络应用与标识网络新应用的兼容机制，其普适服务栈结构如图 7-14 所示。

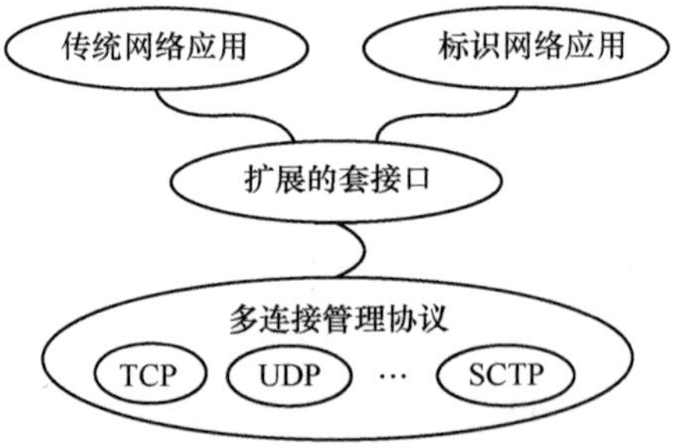

图 7-14　标识网络普适服务栈结构

本节给出的基于扩展传统套接口实现传统网络应用与标识网络新应用兼容的机制，对传统套接口的扩展主要体现在服务数据传输前的连接建立过程，扩展内容可描述如下。

（1）套接口创建函数 socket()

在创建传统套接口时，通常需要指定通信的域类型、套接口的类型以及协议等，如 s = socket(AF_INET, SOCK_STREAM, IPPROTO_TCP)，其中 s 是套接口创建返回的套接口描述符，用于其他的套接口函数调用，AF_INET 代表了套接口使用的域类型为互联网，SOCK_STREAM 代表套接口类型为面向字节流，IPPROTO_TCP 代表套接口使用的传输协议为 TCP。而在标识网络服务系统中，网络应用是面向服务或资源本身设计的，不需指定这些信息，因此只需将 socket()函数表达为 s=socket(sid)，其中 sid 为网络应用欲获取或提供的网络资源或服务的服务标识。

为了使套接口创建函数 socket()扩展前后具有兼容性，本书将其扩展为 socket (sid, …)，并在函数对应的实体实现中判断输入参数的个数。如果输入的参数个数为 1，将按照标识网络面向服务的套接口机制执行；如果输入的参数个数为 3，将仍然按传统套接口创建方式执行。

在标识网络中，为了使网络服务获取得到保障，系统需要必要的 QoS 信息，而套接口的创建过程只包含单独的服务标识 sid，sid 本身并不包含网络资源和服务的 QoS 保障信息，因此需要扩展套接口选项函数，在原有套接口选项的基础上增加服务质量选项 SO_QoS。

（2）套接口监听函数 listen()

传统套接口函数 listen()的参数包括套接口描述符以及客户端请求队列的大小，在标识网络使用时不需要修改函数的接口，但对于函数的实现来说，需要按照标识网络的服务获取机制，增加必要的操作。

用于服务器端的 listen()函数被调用，即相当于服务器开始声称提供某个网络服务时，系统需要向服务标识代理注册所提供的网络资源或服务。

（3）套接口绑定函数 bind()

传统套接口函数 bind()的目的是在指定的服务过程中捆绑自己的一个网络地址，在标识网络中，仍然可以使用，其目的是指定服务过程中服务节点或客户节点使用的接入标识。服务节点调用 bind()时，所绑定的标识需要与注册服务标识时提供的接入标识一致，客户节点在调用 bind()时，所绑定的地址即为自己在服务获取过程中使用的接入标识。

（4）套接口连接函数 connect()

传统套接口函数 connect()的输入参数包括服务器端的网络地址等信息，而这些与标识网络面向服务的连接获取没有关系，连接过程中只需要将对应套接口启动即可，即 connect(fd)。因此 connect()函数需要进行修改，按照上面 socket()的修改方法，将其扩展为 connect(fd, …)。并在函数对应的实体实现中判断输入参数的个数。如果输入的参数个数为 1，将按照标识网络面向服务的套接口机制执行；如果输入的参数个数为 3，将仍然按传统套接口创建方式执行。

在标识网络下，连接的建立相对比较复杂，connect()的函数主体内需要添加必要的操作，以完成服务标识到连接标识的映射过程，并利用生成的连接标识与提供方协商建立传输通道。

（5）套接口接受函数 accept()

套接口接受函数 accept()用于服务器从处于监听状态的套接口的客户端连接请求队列中选取请求客户端，接受连接请求，并创建新的套接口描述符用于提供服务器和客户端的通信。在标识网络系统仍然有效，可以不做修改。只是在接受请求的判断条件中，需要验证客户端的连接请求的合法性。

（6）套接口关闭函数 close()

套接口关闭函数 close()用于关闭创建的套接口描述符，在标识网络中仍可沿用。

下面以一个具体的网络通信实例说明该机制的工作原理，该机制的工作时序如图 7-15 所示。

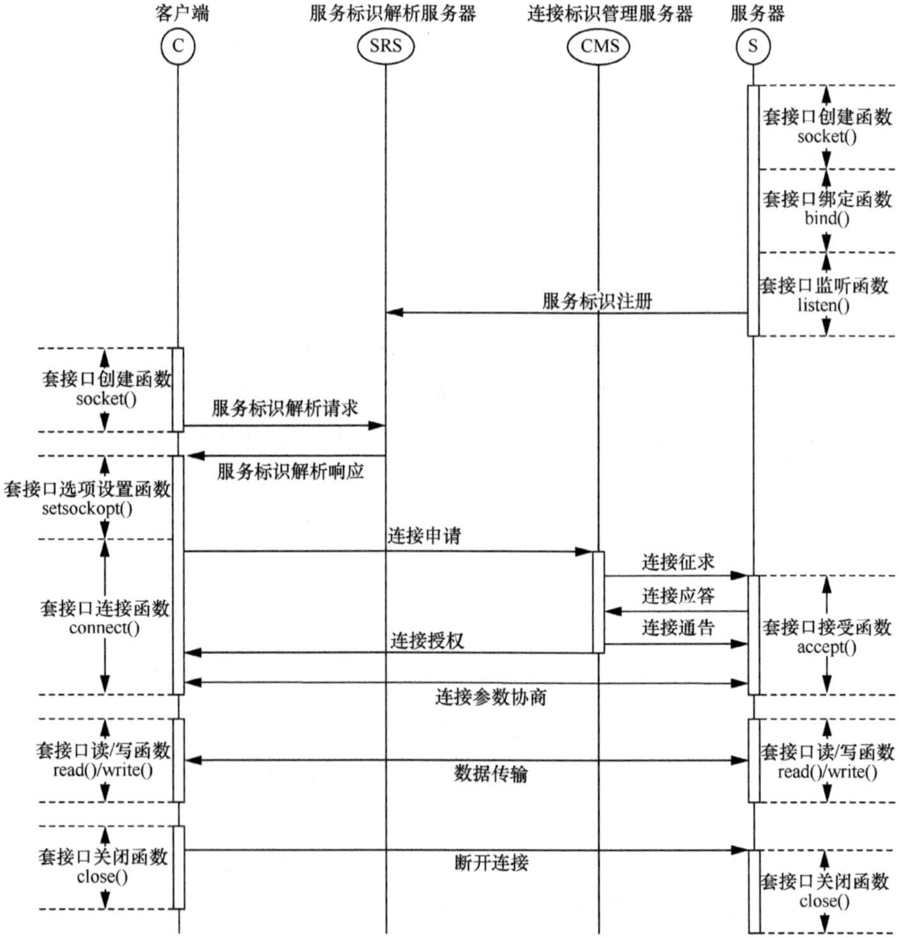

图 7-15　基于扩展传统套接口的网络应用服务获取时序

由图 7-15 可以看出，相对于传统的套接口通信过程而言，在套接口创建和套接口连接时进行修改和扩展的内容较多，在套接口监听时也需要少量改动，其他都与传统的套接口类似。图 7-15 所示的网络通信实例也说明，经过对传统套接口的修改，可以实现标识网络下面向资源或服务本身的获取方式，同时保留对传统网络应用的支持。

7.5.3 兼容机制特点分析

本节给出的基于扩展传统套接口的兼容机制实现了传统网络应用与标识网络新应用的兼容，符合 7.5.1 节提出的兼容机制的设计原则。

① 在兼容机制中，对套接口函数的扩展是在原有套接口函数的基础上进行的，保留了原有套接口函数的所有功能，在此基础上保证了基于传统套接口开发的应用程序可以继续使用，而且新的标识网络应用可以部署和实施。

② 兼容机制中涉及的对套接口的修改和扩展是对系统内核或库函数的修改和扩充，而与具体网络应用中涉及的调用无关，这就保证了该兼容机制在网络应用中支持的广泛性。

③ 基于扩展套接口的兼容机制只是对套接口的部分函数进行了修改，可以通过简单的内核升级或更换库函数的方式，实现传统网络应用和标识网络新应用的并存。

参考文献

[1] 中国互联网络信息中心. 第 44 次中国互联网络发展状况统计报告[R]. 2019.

[2] 中国互联网络信息中心. 2019 年中国网民搜索引擎使用情况研究报告[R]. 2019.

[3] CAFARO M, EPICOCO I, PULIMENO M. Mining frequent items in unstructured P2P networks[J]. Future Generation Computer Systems, 2019, 95: 1-16.

[4] KARAGIANNIS T, BROIDO A, BROWNLEE N, et al. Is P2P dying or just hiding?[C]//IEEE Global Telecommunications Conference. Piscataway: IEEE Press, 2004, 3: 1532-1538.

[5] KARAGIANNIS T, BROIDO A, FALOUTSOS M, et al. Transport layer identification of P2P traffic[C]//Proceedings of the 4th ACM SIGCOMM Conference on Internet Measurement. New York: ACM, 2004: 121-134.

[6] KARAGIANNIS T, PAPAGIANNAKI K, FALOUTSOS M. BLINC: Multilevel traffic classification in the dark[C]//Proceedings of the 2005 Conference on Applications,

Technologies, Architectures, and Protocols for Computer Communications. New York: ACM, 2005: 229-240.

[7] KOPONEN T, CHAWLA M, CHUN B G, et al. A data-oriented (and beyond) network architecture[C]//Proceedings of the 2007 Conference on Applications, Technologies, Architectures, and Protocols for Computer Communications. New York: ACM, 2007: 181-192.

[8] AHLGREN B, D'AMBROSIO M, MARCHISIO M, et al. Design considerations for a network of information[C]//Proceedings of the 2008 ACM CoNEXT Conference. New York: ACM, 2008: 1-6.

[9] JOKELA P, ZAHEMSZKY A, ROTHENBERG C E, et al. LIPSIN: Line speed publish/subscribe inter-networking[C]//Proceedings of the ACM SIGCOMM 2009 Conference on Data Communication. New York: ACM, 2009: 195-206.

[10] JACOBSON V, SMETTERS D K, THORNTON J D, et al. Networking named content[C]//Proceedings of the 5th ACM International Conference on Emerging Networking Experiments and Technologies. New York: ACM, 2009: 1-12.

[11]BADR A, KHISTI A, TAN W T, et al. Streaming codes for channels with burst and isolated erasures[C]//Proceedings of the IEEE INFOCOM. Piscataway: IEEE Press, 2013: 2850-2858.

[12] LUO H, LIN Y, ZHANG H, et al. Preventing DDoS attacks by identifier/locator separation[J]. IEEE Network, 2013, 27(6): 60-5.

[13] HOFFMAN P. The telnet URI scheme[R]. RFC 4248, 2005.

[14] HOFFMAN P. The gopher URI scheme[R]. RFC 4266, 2005.

[15] Wikipedia. URN: Uniform resource name[EB].

[16] WALFISH M, BALAKRISHNAN H, SHENKER S. Untangling the Web from DNS[C]//Proceedings of NSDI 2004. 2004: 225-238.

[17] ADJIE-WINOTO W, SCHWARTZ E, BALAKRISHNAN H, et al. The design and implementation of an intentional naming system[C]//Proceedings of the Seventeenth ACM Symposium on Operating Systems Principles. New York: ACM, 1999: 186-201.

[18] 杨冬. 面向资源的普适服务体系研究[D]. 北京: 北京交通大学, 2008.

[19] STOICA I, ADKINS D, ZHUANG S, et al. Internet indirection infrastructure[J]. IEEE/ACM Transactions on Networking, 2004, 12(2): 205-218.

[20] CHERITON D, GRITTER M. TRIAD: A new next-generation Internet architecture[R]. Stanford Computer Science Technical Report, 2000.

[21] FRANCIS P, GUMMADI R. IPNL: A NAT-extended Internet architecture[C]//Proceedings of the 2001 Conference on Applications, Technologies, Architectures, and Protocols for Computer Communications. New York: ACM, 2001: 69-80.

[22] The size of the World Wide Web (the Internet)[EB].

[23] 中国互联网络信息中心. 第 43 次中国互联网络发展状况统计报告[R]. 2019.

[24] STOICA I, MORRIS R, KARGER D, et al. Chord: A scalable peer-to-peer lookup service for

Internet applications[J]. ACM SIGCOMM Computer Communication Review, 2001, 31(4): 149-160.

[25] ZHAO B, HUANG L, STRIBLING J. Tapestry: A resilient global-scale overlay for service deployment[J]. IEEE Journal on Selected Areas in Communications. 2004, 22(1): 41-53.

[26] ROWSTRON A, DRUSCHEL P. Pastry: Scalable, decentralized object location, and routing for large-scale peer-to-peer systems[C]//IFIP/ACM International Conference on Distributed Systems Platforms and Open Distributed Processing. Heidelberg: Springer, 2001: 329-350.

[27] GUPTA I, BIRMAN K, LINGA P, et al. Kelips: Building an efficient and stable P2P DHT through increased memory and background overhead[C]//International Workshop on Peer-to-Peer Systems. Heidelberg: Springer, 2003: 160-169.

[28] Wikipedia. Middleware[EB].

[29] COX R, MUTHITACHAROEN A, MORRIS R T. Serving DNS using a peer-to-peer lookup service[C]//International Workshop on Peer-to-Peer Systems. Heidelberg: Springer, 2002: 155-165.

[30] WALFISH M, BALAKRISHNAN H, SHENKER S. Untangling the Web from DNS[C]//Proceedings of the 1st Conference on Symposium on Networked Systems Design and Implementation. Piscataway: IEEE Press, 2004: 17.

[31] STEWART R, XIE Q, MORNEAULT K, et al. Stream control transmission protocol[R]. RFC 2960, 2000.

[32] KOHLER E, HANDLEY M, FLOYD S. Datagram congestion control protocol[R]. RFC4340, 2006.

[33] LEE J, GUNTER D, TIERNEY B, et al. Applied techniques for high bandwidth data transfers across wide area networks[R]. Ernest Orlando Lawrence Berkeley National Laboratory, 2001.

[34] HACKER T J, ATHEY B D, NOBLE B. The end-to-end performance effects of parallel TCP sockets on a lossy wide-area network[C]//Proceedings of the 16th International Parallel and Distributed Processing Symposium. Piscataway: IEEE Press, 2001: 10.

[35] BIRRELL A D, NELSON B J. Implementing remote procedure calls[J]. ACM Transactions on Computer Systems, 1984, 2(1): 39-59.

[36] FIELDING R, GETTYS J, MOGUL J, et al. Hypertext transfer protocol HTTP/1.1[R]. RFC 2616, 1999.

[37] COHEN E, KAPLAN H, OLDHAM J. Managing TCP connections under persistent HTTP[J]. Computer Networks, 1999, 31(11-16): 1709-1723.

[38] BREUER D. Alternative file transfer mechanism for UNICORE: GridFTP[C]//Proceedings of the IASTED International Conference on Parallel and Distributed Computing and Systems. Calgary: ACTA Press, 2003: 877-882

[39] BARU C, MOORE R, RAJASEKAR A, et al. The SDSC storage resource broker[C]// Proceedings of the 1998 Conference of the Centre for Advanced Studies on Collaborative Research. New York: IBM Press, 1998: 5.

[40] IYENGAR J R, AMER P D, STEWART R. Receive buffer blocking in concurrent multipath transfer[C]//Proceedings of the IEEE Global Telecommunications Conference. Piscataway: IEEE Press, 2005.

[41] ALLMAN M, KRUSE H, OSTERMANN S. An application-level solution to TCP's satellite inefficiencies[EB]. 1997.

[42] ROSENBERG J, SCHULZRINNE H, CAMARILLO G, et al. SIP: Session initiation protocol[R]. RFC 3261, 2002.

[43] SCHULZRINNE H, CASNER S, FREDERICK R, et al. RTP: A transport protocol for real-time applications[R]. RFC 3550, 2003.

[44] ABD A, SAADAWI T, LEE M. LS-SCTP: A bandwidth aggregation technique for stream control transmission protocol[J]. Computer Communications, 2004, 27(10): 1012-1024.

[45] YE G, SAADAWI T N, LEE M. IPCC-SCTP: An enhancement to the standard SCTP to support multi-homing efficiently[C]//IEEE International Conference on Performance, Computing, and Communications. Piscataway: IEEE Press, 2004: 523-530.

[46] IYENGAR J R, SHAH K C, AMER P D, et al. Concurrent multipath transfer using SCTP multihoming[J]. SPECTS, 2004: 265-273.

[47] FORD B. Structured streams: A new transport abstraction[C]//Proceedings of the 2007 Conference on Applications, Technologies, Architectures, and Protocols for Computer Communications. New York: ACM, 2007: 361-372.

[48] AYDIN I, SHEN C C. Performance evaluation of concurrent multipath transfer using SCTP multihoming in multihop wireless networks[C]//Proceedings of the 2009 Eighth IEEE International Symposium on Network Computing and Applications. Piscataway: IEEE Press, 2009: 234-241.

[49] SIVAKUMAR H, BAILEY S, GROSSMAN R L. PSockets: The case for application-level network striping for data intensive applications using high speed wide area networks[C]//Proceedings of the 2000 ACM/IEEE Conference on Supercomputing. Piscataway: IEEE Press, 2000: 38-38.

[50] EGGERT L, HEIDEMANN J S, TOUCH J D. Effects of ensemble-TCP[J]. ACM Computer Communications Review, 2000, 30(1): 15-29.

[51] BALAKRISHNAN H, RAHUL H S, SESHAN S. An integrated congestion management architecture for Internet hosts[C]//Proceedings of the Conference on Applications. New York: ACM, 1999.

[52] ALLMAN M, KRUSE H, OSTERMANN S. An application-level solution to TCP's satellite inefficiencies[C]//Proceedings of the First International Workshop on Satellite-Based Information Services (WOSBIS). 1996.

[53] SALZ J, BALAKRISHNAN H, SNOEREN A C. TESLA: A transparent, extensible session-layer architecture for end-to-end network services[C]//Proceedings of the USENIX Symposium on Internet Technologies and Systems. Berkeley: USENIX Association, 2003.

[54] SNOEREN A C, BALAKRISHNAN H. An end-to-end approach to host mobility[C]// Proceedings of the 6th Annual International Conference on Mobile Computing and Networking. New York: ACM, 2000: 155-166.
[55] DAY J. Patterns in network architecture: A return to fundamentals[M]. Upper Saddle River: Prentice Hall, 2008.
[56] MASIELLO E. Service identification in TCP/IP: Well-known versus random port numbers[D]. Cambridge: Massachusetts Institute of Technology, 2005.
[57] Wikipedia. Berkeley sockets[EB].

名词索引